オンライン就活に絶大な威力

ロジカル面接術

津田久資 元博報堂 ボストン・コンサルティング・グループ／August-a㈱相談役
下川美奈 日本テレビ報道局解説委員

2023年度版 大企業人事部絶賛！

面接官も読んでいる本

WAC

はじめに　アフターコロナの時代こそ、ロジカルな人材が求められる

オンライン面接に勝ち抜くためには

二〇二〇年、世界は大きく変わりました。いうまでもなく新型ウイルスの感染拡大によるものです。アメリカの大統領選挙も二〇二〇年初頭まではトランプさんの圧勝と思われていましたが、国内で感染者（死者）が拡大し、失業率も上昇。バイデン候補が追い上げ、事前の支持率では逆転してしまいました。挙げ句の果てには十月になって、トランプさん自身がコロナに感染しました。その結果十一月三日の大統領選では、激戦の末、バイデンさんが当選しました。

日本国内でも安倍首相がコロナ対策でいささか体調を崩したことも原因だったのではないかと思われますが、八月に健康上の理由で突然辞任を表明し、菅義偉新政権が発足しました。

この本の読者である大学生のみなさんの環境も激変しました。長期間の休校、オ

ンライン講義、就活も会社関係者とはオンラインでのやりとりがあっという間に普通のこととなりました。ただ、オンライン面接といっても、所詮は会社関係者や面接官との「一（複数の場合も）対一の勝負」です。学生がわざわざ本社の面接会場まで出向くか、自宅で応対するかの違いはありますが、基本的な構図は不変です。なにも恐れることはないのです。むしろ、会場までの交通費がゼロになって遠方の学生などにとっては喜ばしいことかもしれません。この動きは今後も高まるばかりでしょう。

今日、日本に限らず、社会で求められている理念が「変革」であることは周知の事実です。アフターコロナの時代にあっても、恐らくこの傾向はしばらく続くことでしょう。

それはビジネス界でも同じです。変革をもたらすことができない企業は、環境に適応できなかった恐竜の如《ごと》く滅びていく運命にあるからです。

このことは当然、ビジネス界が求める人材にも大きな影響を与えます。そうです。今日あらゆる企業において求められる人材とは、変革をもたらす可能性がある人材です。

では、どういう人材が変革をもたらす可能性のある人材なのでしょうか？　結論から言えば〝ロジカルな人材〟であるということなのです。

さて、変革をもたらすために第一に必要なのは、まずは斬新なアイデアの発想です。そして、斬新なアイデアは、多様なアイデアの発想から成立します。

あなたは多様なアイデアの発想が得意ですか？　もしそうだとしたら、あなたは天才であるか、または論理的な人のどちらかでしょう。

そもそも、天才とは多様なアイデアを生み出すことができる人を指します。違う言葉で言えば、アイデアの底辺が広い人のことだと言ってよいでしょう。底辺が広ければ、卓越したアイデアの出現確率が上がるわけです。

エジソンは一千以上の特許を取得していましたし、ピカソは生涯で約二万点の作品を残しています。日本で言うと、三島由紀夫や手塚治虫の膨大《ぼうだい》な作品数はつとに有名です。

これらの偉人は皆、天才の名をほしいままにした多作の人たちです。

この事実を裏返すと、普通の人間は様々なアイデアを発想することができないということになります。

その通りでしょう。知識・経験・常識に囚われて、発想が狭窄眼的《きょうさくがん》になるのが、我々普通の人なのです（ちなみに、この現象を養老孟司先生は〝バカの壁〟と表現されております）。

ただし、ここに一つの例外が存在します。実はそれこそがロジカルということとなのです。つまり、天才でもない限りは、「発想力のある人材は、論理的な人材」なのです。

ハトが減った理由とは

これを説明するのに、簡単な例を挙げたいと思います。例えば、「数が減っている公園のハトを増やす」という課題があったとしましょう。皆さんであれば、この課題にどういう解決方法を見出すでしょうか？「餌をたくさん与える」とか「他からハトをもってくる」など、いろいろ思いつくことでしょう。

しかし、ビジネスの場においては、このような「思いつきの方策」を選択するわけにはいかないのです。なぜならば、方策の実施にはお金がかかるからです。また、人もモノも費やさねばなりません。

ですから、まず最初にとるべき方策に高い成功確率が必要とされるのは、もちろんです。が、それでも失敗することはあるでしょう。その場合は、二の矢、それでも駄目なら三の矢と放たねばなりません。その際に、一の矢の失敗を教訓とした上での、二の矢、三の矢の合理的選択は、「課題がロジカルに整理され、構造的に捉えられて初めて可能」になるのです。

図1

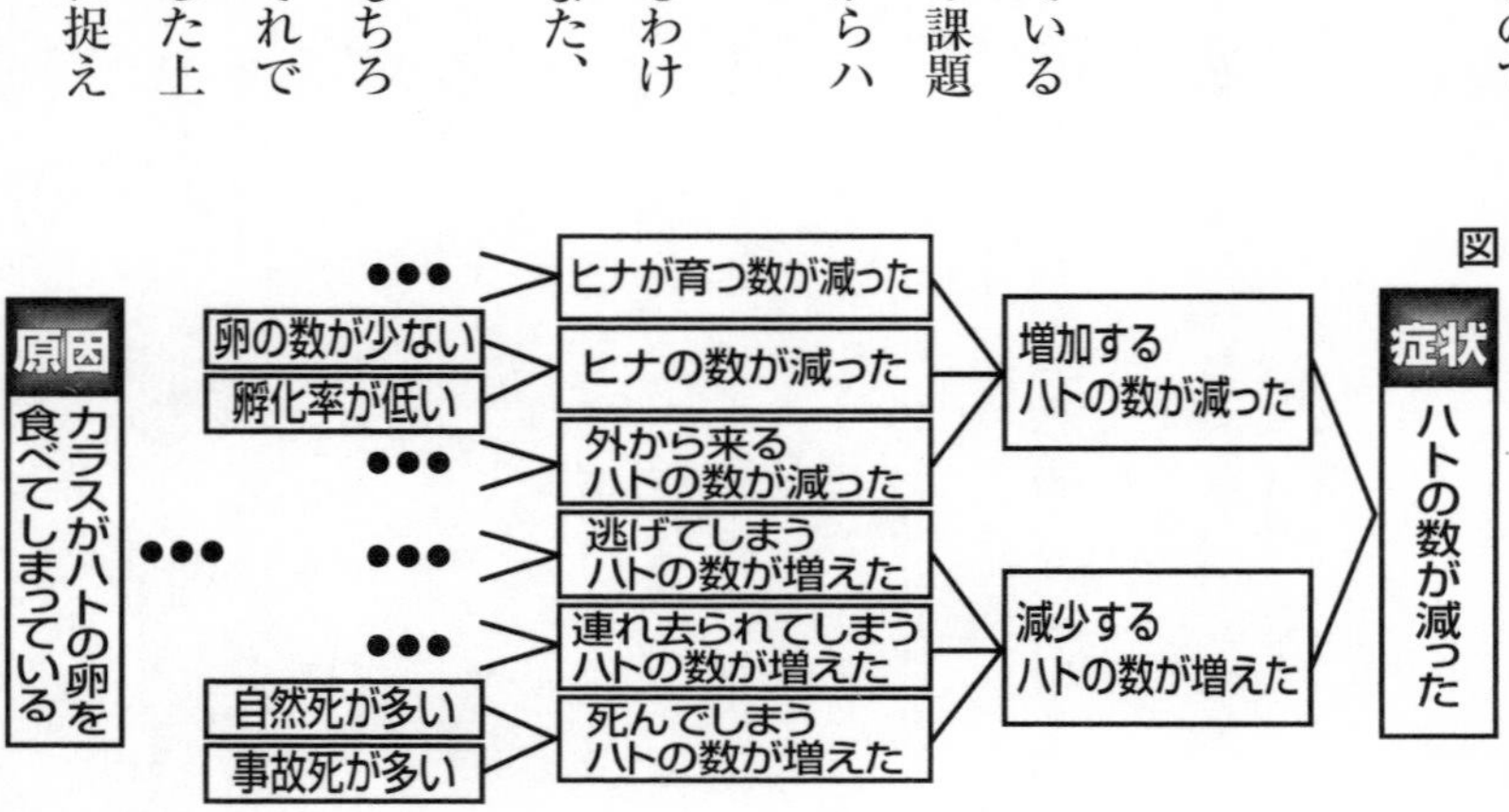
症状
ハトの数が減った
増加するハトの数が減った
減少するハトの数が増えた
ヒナが育つ数が減った
ヒナの数が減った
外から来るハトの数が減った
逃げてしまうハトの数が増えた
連れ去られてしまうハトの数が増えた
死んでしまうハトの数が増えた
卵の数が少ない
孵化率が低い
自然死が多い
事故死が多い
原因
カラスがハトの卵を食べてしまっている

ここで、「数が減っている公園のハトを増やす」という課題に対して、この「ロジカルに整理し、構造的に捉える」ことを、少し展開してみましょう。

まず、この課題に対しては、「なぜ、ハトが減っているのか？」を突き止めなければなりません。そのために論理的展開を行なったものが、下段の図1です。

第一段階として、「ハトの数が減った」という情報から、「増加するハトの数が減った」『減少するハトの数が増えた』ということが考えられます。

第二段階として、「増加するハトの数が減った」からは、「ヒナが育つ数が減った」「ヒナの数が減った」『外から来るハトの数が減った」という仮説が導き出せますし、「減少するハトの数が増えた」からは、「逃げてしまうハトの数が増えた」『連れ去られてしまうハトの数が増えた』『死んでしまうハトの数が増えた』『殺されてしまうハトの数が増えた」と考えられるわけです。

この分解は際限なく続けられますが、延々と続けても仕方ありません。しかし、このようなロジカルな分解を行なうことによって、「ハトが減っている」という根本原因に近づくことは確かなのです。

実は、この課題には実際のモデルがあって、それは東京の日比谷公園だそうです。そして、日比谷公園の場合、ハトの減少に最も影響を与えている原因は、なんと「カラスがハトの卵やヒナを食べてしまっている」ことだったそうです。

どうでしょうか？　課題を聞いた瞬間に思いつきだけで、この原因に行き着けた人はいるでしょうか？　もちろん、たまたま行き着けた人もいると思います。

しかし、ビジネス生活においては、様々な課題に日夜取り組まねばならないのです。勝負の分かれ目は、コンスタントに高い正答率を示すことができるかどうかです。ですから、たまたまでは困るのです。

もちろん、ロジカルに分解しても、どこかで直感力によるジャンプが必要なので、「カラス」に行き当たるとは限りません。この意味において、ロジカルな思考力＝発想力ではないのです。しかし、崖《がけ》を飛び越えるのに、いきなり飛ぶのと、途中まで橋をかけてそこから飛ぶのでは、どちらが確実かは明らかでしょう。

そう考えれば、「ハトの数が減っている」から論理的展開を重ね、「孵化《ふか》率が低い」に至り、さらにその情報を分解していくやり方が必要だと思いませんか？　これが、「発想力がある人材はロジカルである」の意味です。「ロジカル＝理屈っぽい」という、あまりにも短絡《たんらく》的な理解の人には、これはとても理解できないでしょう。

そして、このように考えることは副産物をもたらします。それがコミュニケーションです。

果たして、いきなり「カラスを退治する」と言って、何人を説得することができるでしょうか？　となると、説得を受ける人が、発想した側の思考の筋道をそのまま辿《たど》れるような論理の整理が必要でしょう。「コミュニケーション力のある人材はロジカル」でもあるのです。

「マニュアル人間」は不要の時代

「変革をもたらす可能性がある人材＝ロジカルな人材」が求められているならば、それに伴って面接のサポートをする本も、変わらなければいけないのが当然です。

つまり、「べし・べからず集」のようなマニュアル本では全く役に立たないということです。それはそうでしょう。「マニュアル人間」とは、よい言い方をすれば「確実に」、悪い言い方をすると「変わらず」決まったことを実行する人間のことを言うのですから。

もちろん、ある程度の「べし・べからず集」に載っている知識が必要とされるのは当たり前です。しかし、大事なことは、それだけではスタート地点に立つことしかできないということなのです。決してその先に行くことがないのです。「べし・べからず集」も必ず、「他人と同じことを言わないために」というようなことを謳《うた》っています。確かに、その本を買う人が少なければ、結果として謳い文句のようなことにもなり得るでしょう。

しかしそれは、本質的な「他人と同じことを言わないために」ではありません。逆に安定の時代における「言ってはいけないことを言わないために」「失敗しないために」を目指している本だ、とでも言ったほうが適当な気がします。

例えば、「広告会社を受験する際には、広告研究会出身であることは面接ではタブー」と書いている「べし・べからず」本があります。しかし、本当にそうでしょうか?

重要なのは、「広告研究会出身です」に続く、「だから……」の部分だと我々は考えます。

女性との共同執筆で大きな効果

では、なぜ僕と下川美奈さんが『ロジカル面接術』を共同執筆するのか?

まず、僕が書く理由は、就職活動における「面接」というのは、自分自身を企業に売り込む戦略活動、マーケティング活動だからです。だから、広告会社や外資系コンサルティング会社で企業や商品の戦略を練ること、マーケティング活動を専門としてきた僕が書きます。

企業戦略、商品戦略のそれと同じように、何を重点的に配分すれば最大効果を生むことができるかという重要度も明確に示唆していきたいと思います。それが必要なくらい、企業の採用現場は厳しいと感じています。

そして、取材活動のプロ、現役のテレビ局報道記者である下川さんが共同執筆する理由もまた重要です。

戦略活動、マーケティング活動には様々なリサーチが必要ですが、「面接」の場合、それは自分自身に対するものになります。

つまり、「自己分析」という自分自身に対する取材活動が最も重要になるのです。

そして、そのプレゼンテーションは魅力的でなければなりません。

面接は特に「面白さ」が要求されるプレゼンテーションかもしれません。それは、面接官の気持ちになってみればわかるでしょう。同じ日に、嫌になるほどの数の学生を相手にするのですから。これはオンライン面接とて、面接する側の負担は同じです。

「ロジカル」というのは、どちらかというと組み立て方の問題ですから、それだけではわかりやすくこそあれ、決して魅力的な面接にはなりません。

より魅力的に、面白く見せるためには、組み立てられる一つ一つの材料そのものが、「新鮮」で「リアル」である必要があるのです。もちろん、その材料の一つ一つは自分の経験や実績から発せられるものです。

残念ながらほとんどの人間は、そうそう珍しい、面白い体験を積んでいるわけではありません。しかし、自分自身への取材の仕方、取材したものの加工の仕方次第で「新鮮さ」や「リアルさ」は引き出せます。概して面接の現場で失敗する人というのは自己分析、つまり自分への取材の仕方が少々ずれているものなのです。

だから下川さんが、どうやってあなたの核心を掘り起こし、それを新鮮にリアルに、より魅力的に見せればよいのか実際に見せていきます。

彼女とのコラボレーションによって、「わかりやすいし、引き込まれるような」プレゼンテーションのサポートができる本になったと確信しています。

そしてもう一つ、ほとんどの就職に関する本は、男性、もしくは女性、どちらか一方の視点で書かれたものですが、それでは情報が偏ってしまう危険性も否《いな》めません。その点でもこの本は、理想的な共同作業だと考えています。そしてやはり、女性の参加というのは、何にせよ彩《いろど》りを添えることになるものです。

もう一度だけ角度を変えて言うならば、この本のサポートの仕方は、「ありのままの皆さんを引き出し、それを面接官にきっちり理解させるためのお手伝い」だと言ってもよいかもしれません（ただし、そのプロセスの中で、論理的思考力が鍛《きた》えられることだけは保証します）。

決して化粧をするためのサポートではありません。皆が同じ「化粧」をして同じ

「顔」にしか見えなくなることは愚行だと、我々は考えています。

この辺りが、「人と違ったことを言うために」と謳ってはいるものの、結局は本を読んだ人は同じ土俵で小さくまとまってしまうしかない「べし・べからず集」類のマニュアル本とは違うところなのです。

この考えに十分納得いただけたら、これから一緒にあなた自身の情報を論理的に組み立てるプロセスに移っていきたいと思います。

『あの人はなぜ、東大卒に勝てるのか』（ダイヤモンド社）で論理的思考力についてさらに詳しく著してありますので、興味のある方は是非ご一読ください。

津田　久資

二〇二一年一月

ロジカル面接術　2023年度版◎目次

第3章　報道記者直伝！　自己PR作成のための五つのステップ

第4章 自分取材と会社取材で、面接官も納得の志望動機ができる！

装幀／加藤俊二(プラス・アルファ)

ロジカル面接術

Marketing of yourself

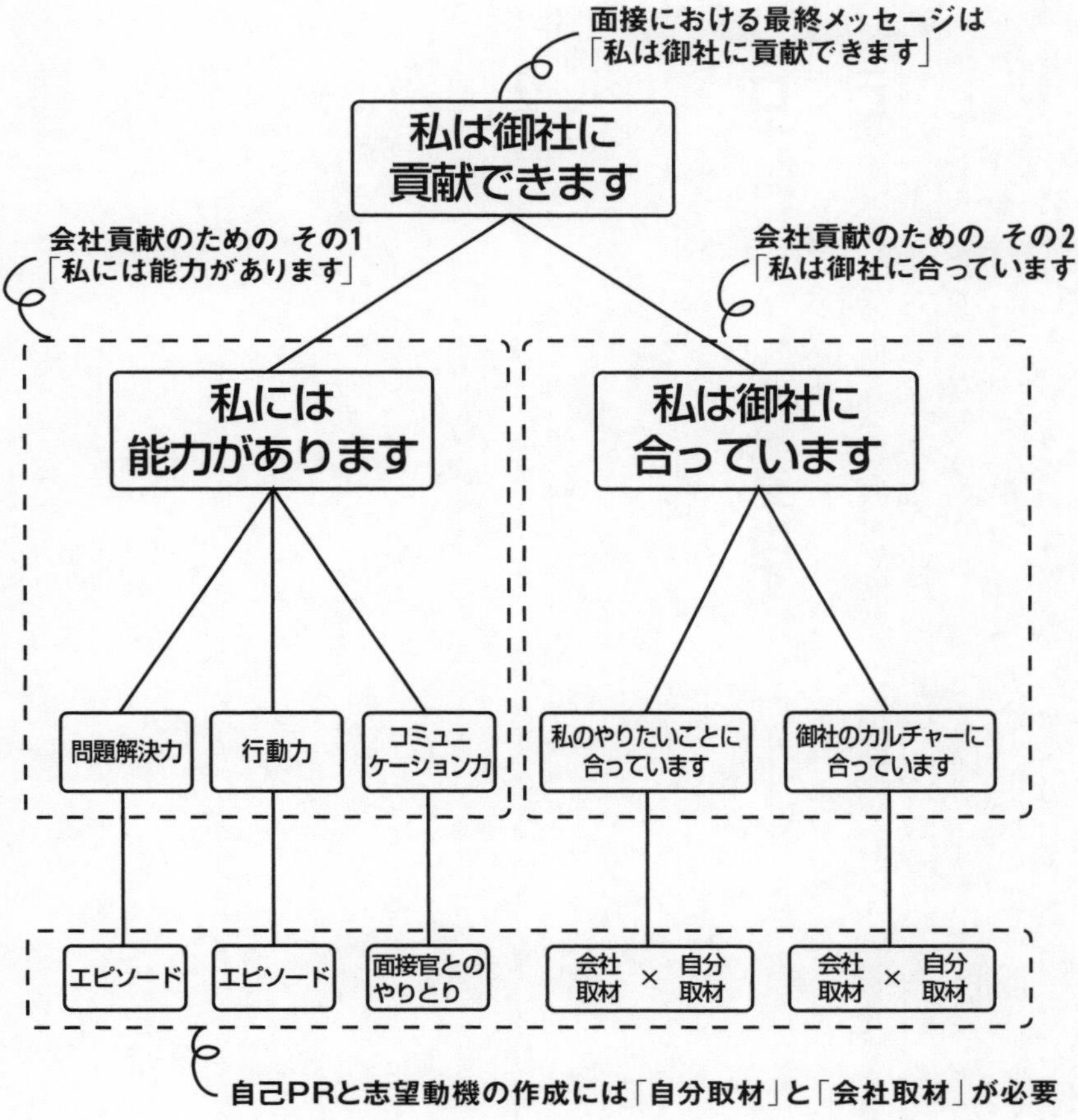
面接における最終メッセージは
「私は御社に貢献できます」
私は御社に
貢献できます
会社貢献のための その1
「私には能力があります」
会社貢献のための その2
「私は御社に合っています」
私には
能力があります
私は御社に
合っています
問題解決力
行動力
コミュニ
ケーション力
私のやりたいことに
合っています
御社のカルチャーに
合っています
エピソード
エピソード
面接官との
やりとり
会社
取材
×
自分
取材
会社
取材
×
自分
取材
自己PRと志望動機の作成には「自分取材」と「会社取材」が必要

第1章

ロジカル面接術は、オンライン面接にも、強く、応用が利く

エントリーシートや面接で必ず聞かれる二大テーマ

対面式であれ「オンライン」であれ、面接の際、まず間違いなく聞かれる二つのテーマと言えば何でしょう。そう、「自己PR」と「志望動機」です。

一次面接から二次面接、三次面接へと駒《こま》を進めていっても、「あなたはどういう人か」「なぜこの会社に入りたいのか」という、この二つのテーマは必ず俎上《そじょう》に上がります。

もちろんこれ以外の質問も投げかけられることでしょう。しかし、すべては「あなたはどういう人か」と「なぜこの会社に入りたいのか」を明確に知るために視点を変えただけの、同じ内容の質問だと考えても概《おおむ》ね間違いはありません（エントリーシートにしても同じことです）。

例えば、面接官が「あなたにとって一番辛《つら》かった経験は何ですか？」と尋ねたとしても、それはあなたの不幸自慢を聞きたいわけではありません。

逆境をどのように乗り切ってきたか、あなたの忍耐力や状況打開力などを知りたい、つまり、「あなたはどういう人か」を知りたいのです。

間違っても、「よくぞ聞いてくださいました。僕は中学一年生の時、先輩にお金を巻き上げられたその日に交通事故で入院し、入院先の病院では食中毒になったんです。いやぁ、あの頃は辛かった」などという反応を示してはいけないのです（笑いごとでなく意外と多いです、こういう人）。

面接が会社にとって必要な人材を選ぶための試験であるという性質上、常識的に考えて、**「あなたがどういう人間か」「なぜこの会社に入りたいのか」という二つを押さえておけば、大抵の場合、面接に対処できる**ということなのです。

したがって、「万が一、本当に突拍子《とっぴょうし》もない質問をされたらどうしよう」と思い巡《めぐ》らすことは時間の無駄なわけです。

これは日本史の入試問題に「藤原道長の全盛期に藤原氏が全国に持っていた荘園の広さは合わせて何ヘクタールか」という問いが出たらどうしようかと悩み、計算しだすようなものです。たとえ、そんな問題が出題され、答えられなかったとしても、他のオーソドックスな問題ができていれば試験の合否にほとんど影響がないのと同じことです。

勘違いした自己PRと志望動機

では、なぜ面接官は「あなたはどういう人か」と「あなたはなぜこの会社に入りたいのか」ということを知りたがるのでしょうか。

それは、この二つを明確にすることで、**「あなたがこの会社に入って貢献できるかどうか」を知りたい**からなのです。

よく、「私は××が好きなので、御社に入って××に携わりたいです」という意味合いで自己PR・志望動機が終わってしまう人がいます。

例えば、旅行代理店を志望する学生で、「御社を希望した理由は、小さい頃から旅行が好きで、御社に入れば大好きな旅にずっと関わっていけると思ったからです」と話すような人です。

自己PRや志望動機をこれで終える人は、少し勘違いをしていると言えます。何が「勘違い」なのか、わかりますか?

会社はあなたの夢を叶えるために存在しているわけではないのです。会社側のニーズと学生側のウォンツが一致する場合に、結果的に学生側の「好き」や「夢」が叶えられることになりますが、それは会社が「あなたの夢を叶えてあげたい」と思ってくれたからではありません。会社側が「コイツは会社に貢献するはずだ」「コイツのやりたいことは会社にとってプラスになる」と判断した結果なのです。

その会社、あるいは仕事が「好き」、ということは大切なことです。ただし、条件付きですが。条件とは、「好き」が理由となって、「貢献する」という結果が見えている

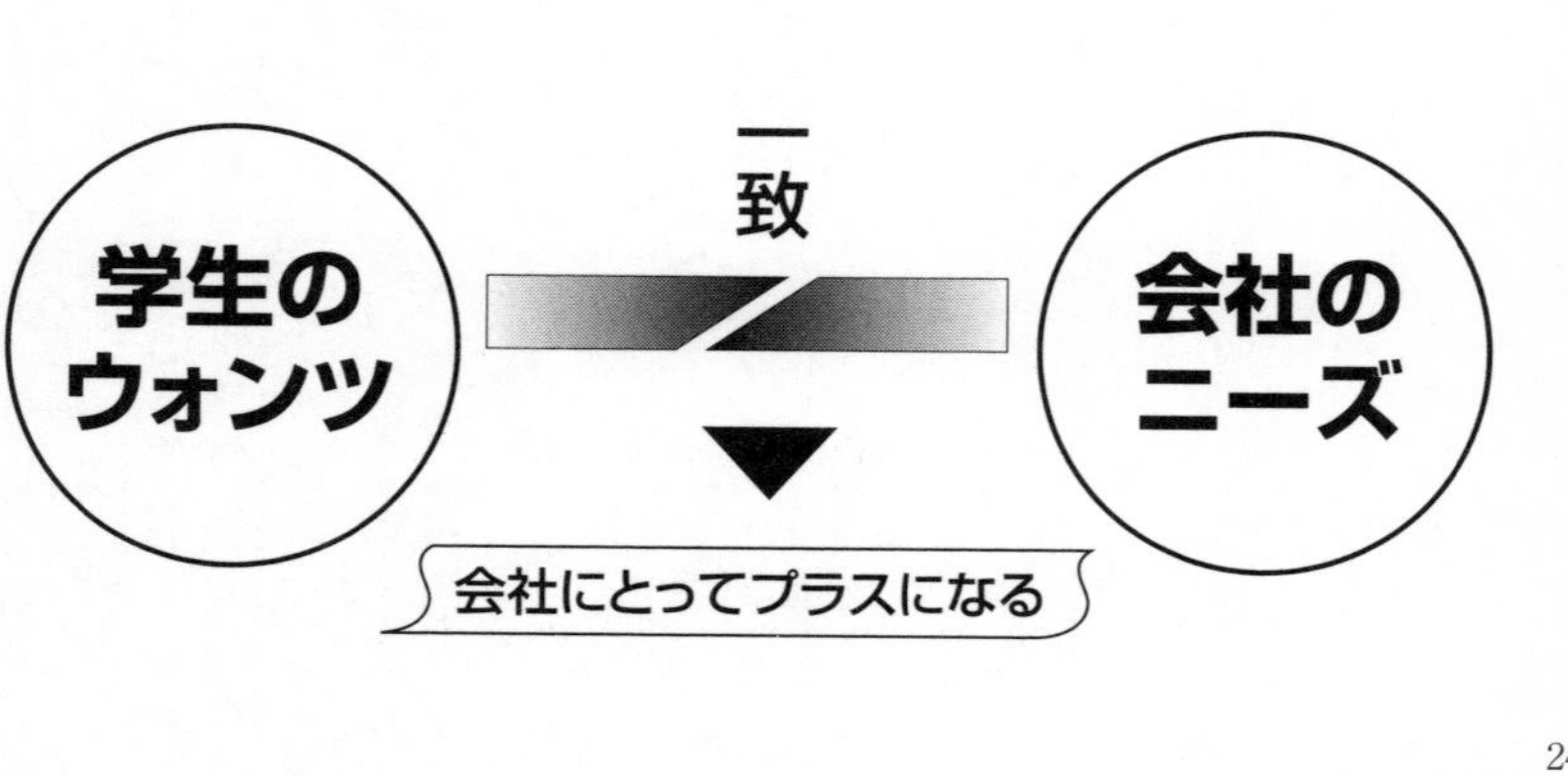

ことです。「こんなに好きなのだから役に立ちますよ」というアピールがあって初めて、「好き」が生かされるのです。

さらに言えば、これだけでも自己PR・志望動機としては不完全です。前記の「御社を希望した理由は、小さい頃から旅行が好きで、御社に入れば大好きな旅にずっと関わっていけると思ったからです」に、「私は御社に合っています」と説明するための「好き」であることをうまく付け加えて説明できたとしても、**「御社に合っている」だけで会社に「貢献」できるほど、社会は甘くはありません。**ここで、能力をアピールする必要性が出てくるのです。

また、志望動機において会社が縮小しようとしている部門に対する思い入れを誇《こ》示《じ》したとしても、会社側に「貢献する」と確信させるのが容易でないことは、すぐにご理解いただけるでしょう。

銀行での面接の際に、「貴行の福利厚生施設のさらなる充実を図るために厚生部で働きたいと思っています」など、その会社本来の業務から見れば明らかに＊傍流《ぼうりゅう》の仕事についてアピールしたところで、面接官の心がそう簡単には動かないのも同様です。

会社が求めていることは何なのか、それをしっかり見極めた上でないと、「会社への貢献」をキチンと示すことはできないのです。

＊傍流の仕事
企業の広報部や宣伝部を志望するのも同様に考えることができる。スタッフ業務は明らかに少人数であるし、商品の知識もないまま新人に務められる仕事ではないからだ（新卒で広報部門などに配属になることもあるにはあるが）。本当に「広告を作りたい」などという意識があるのなら、やはり広告代理店を目指すべきだろう。

また、「会社への貢献」をアピールしなければならないのは「あなたはどういう人か」に対する答え、つまり自己PRについても同様です。「私は一人っ子で、趣味は映画鑑賞とドライブです」では済まされないのです。「会社への貢献」を匂わせなければ意味がありません。

経営環境が変化し、企業は利益追求型に

ところで、「会社への貢献」とは具体的にどういうことでしょうか？

その答えを書く前に、**この「会社への貢献」という意識が、面接官の中で年々強まっている**ことを強調しておきたいと思います。面接官が人事部ではなく、現場の人間であればなおさらです。しかも、「会社への貢献」という意味自体が変化してきているのです。

では、現在の意味において「会社への貢献」とは何なのでしょう。

それは、「利益を生むことができる」ということです。

かつては、「何となくコイツは役に立ちそう」というレベルでよかった「会社への貢献」が、今では明確に「利益を生めるか」に変わってきたことを、まず覚えておいてください。

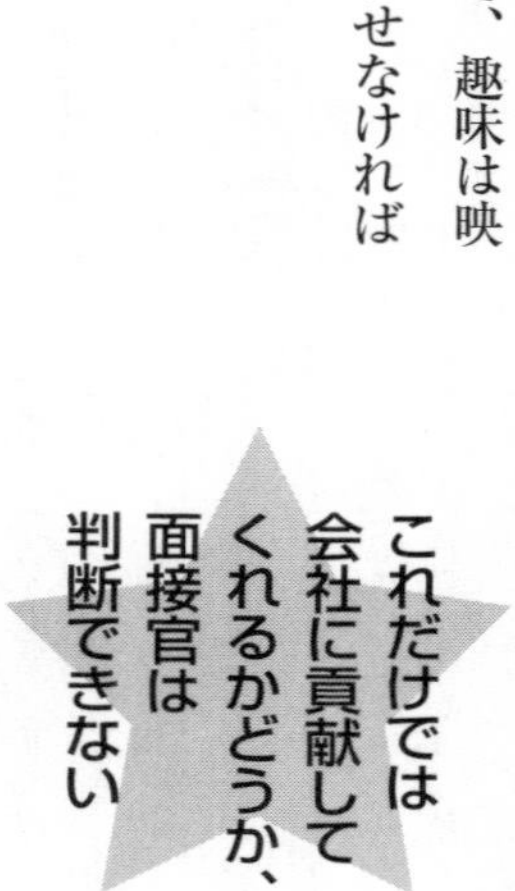
これだけでは
会社に貢献して
くれるかどうか、
面接官は
判断できない

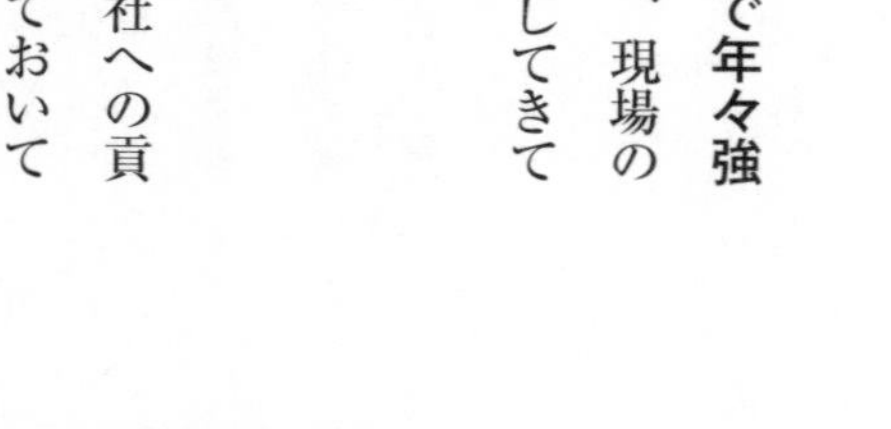
私は一人っ子で、
趣味は映画鑑賞と
ドライブです。

それではなぜ、入社の際の面接試験で、「会社への貢献」＝「利益を生むこと」という意識が強くなったのでしょうか。それは、経営者たち、つまり、会社自体が追求するものが変化してきたからです。

その背景には、バブル崩壊以降、日本国内、及び日本を取り巻く経済状況が変わってきたことがあります。この変動はアフターコロナ時代には尚更加速化されていくかもしれません。

まず、「売り上げの拡大」そのものに限界が見えてきました。ご存知のとおり、国内市場においては「もの余りの時代」と言われ、ごく一部の商品を除いては、生活者の消費意欲を刺激するような商品を開発することが非常に難しくなっています。国外市場においても、日本製品の優位性は日に日に薄れています。

二つ目の理由は、株主構成の変化によるものです。バブル崩壊後、安定株主も決算上の理由から株を手放さなければいけない局面が増え、代わりに配当に対してうるさい株主が増えました。これらの株主にとって最大の関心事は、「売り上げの拡大」ではなく、配当の拡大につながる「利益の拡大」なのです。

また、失われつつある国際競争力の強化のため、海外企業に資本参加を仰ぐ企業も増えました。すでに、日産がルノーから経営陣を迎えたり、マツダがフォードと提携を強化したりしました（二〇一五年にマツダとフォードの資本提携は解消。日産のゴーン会長は金融商品取引法違反の罪に問われ逮捕、失脚。二〇一九年末には海外逃亡)。当然彼らも、株主の利益代表として「利益の拡大」に関心を寄せています。

同様に、競争力強化のための資金を求めて、かつては上場していなかったテレビ局や広告代理店さえも、続々と上場しています。

このように、経営目標の根幹が、「売り上げの拡大」から「利益の拡大」に転換せざるを得ない状況になってきたのです。

新卒は三年以内に利益を出せ

では「売り上げの拡大」から「利益の拡大」への変化が、人材の採用にどう影響を与えるのでしょうか?

「売り上げの拡大」に直接影響を与えるのは、一般の場合、営業マンですから、これを想定して考えてみてください。営業マンの人数を増やすと、売り上げは拡大します。しかし、一方で、営業マンをタダで雇うわけにはいきません。ですから、営業マンを雇用することは利益にも影響を与えることになります。

どちらの経営方針をとったところで、新人の営業マンにいきなり「利益の拡大」を要求することはありません。つまり「彼/彼女のおかげによる売り上げの拡大」から、「彼／彼女の給料と経費を差し引いた額」がプラスになることは期待していないのです。少なくとも「しばらく」の間は。

ところが、この「しばらく」が曲者《くせもの》なのです。「売り上げ拡大」の経営方針をとる場合と、「利益の拡大」の経営方針をとる場合とでは、この「しばらく」という曖昧《あいまい》な言葉を数字に置き換えたときに、かなり差が出てくるのです。

前者では約十年だった「しばらく」が、後者では約三年になったというイメージで間違いないでしょう。

つまり、前述の「彼／彼女のおかげによる売り上げの拡大から、彼／彼女の給料と経費を差し引いた額」が、「他の営業マンの生み出す利益」を大きく損なわない限り、「十年ぐらいは目をつぶろう」だったのが、今は「三年ぐらいしか我慢できない」という違いです。

その傍証としては、非常に早い段階で格差がつく給与システムを導入する会社が多くなったことが挙げられます。

大手広告代理店の博報堂では、入社十三年目に皆、揃ってディレクターという肩書きになるのですが、数年くらい前までは、給与格差がつくのはそれからでした。

ところが、何と今では入社五年目から年俸制が実施され、利益貢献度の高い人材には給料面で厚く遇するというのです。

あなたのおかげによる売り上げの拡大 － あなたの給料と経費を差し引いた額 ＝ マイナス

（もはや、これが許されるのは入社後約3年間）

また、もう一つの傍証として、業種の区別なく、多くの企業で中途入社の割合を増やしていることも挙げられます。中途入社になると前述の「しばらく」は、恐らく「少なくとも半年以内には」の意味になるはずです。

やはり、博報堂の例ですが、現在は新卒入社対中途入社の割合を七対三に設定しているのですが、近い将来は五対五ぐらいに中途入社の割合を引き上げると言います。

ちなみに、外資系コンサルティング会社のボストン・コンサルティング・グループでは、約一対五で、中途入社のほうを正式入社と呼んでいます。

即戦力、つまり「明日から利益を生み出してくれる人間」を求める傾向が強まれば、このような日本の会社が現出しても不思議なことではありません。

「自分は営業志望ではないから関係ない」なんて思わないでください。今や営業やお金に最も縁遠いと思われている報道記者の世界だって、コストパフォーマンスを求められる時代なのですから。一年に一回スクープをとったところで、後はたいした働きもせず、取材と称して経費ばかりを使うような記者は、会社にとって決して好ましい人材ではないのです。

確かに、オンエアにしてたった一分の独自ニュースに対し、かかった経費が五百万円では割に合いません。日々の業務をコンスタントにこなし、いかに効率的に特ダネを得られるか、そんな当たり前と言えば当たり前のことが厳しく追求されるご時世になっています。

このように、若手だからと言って目をつぶってくれる時間は年々短くなり、新入社員でさえ、一通りのことを習得するよう求められているのです。

したがって、**面接を受ける人は皆、「自分は、三年以内に必ずものになり、会社に利益をもたらす」ということを明確に面接官に伝えることが必須**です。実際に仕事に就けばどんなに役に立つ人材だったとしても、そうアピールしないと面接で勝ち残れないのです。面接官に「この人は我が社に貢献してくれそうにない」と少しでも思われた時点でゲームオーバー、というシビアな競争環境に皆さんはいるのだということを忘れないでください。

ロジカル思考で志望動機と自己ＰＲを作るメリット

本章の最後に、厳しい競争を突破するのにロジカル面接術がどれだけ有効かについて述べておきましょう。その前に、論理的とは何かという根源的な問いに答えておきたいと思います。結論から言うと、

「論理的であるとは結論と複数の根拠が、結論を頂点に、縦方向にWhy so？（なぜ、

そう言えるのか?）・So what？（だから、こう言える）の関係で階層をなしている（ピラミッド構造を持つ）こと」

と定義することができます。

この定義に従って、「はじめに」のハトの例と同じように、「会社に貢献できる」を出発点に論理的分解を繰り返して、最後のWhy so？（なぜ、そう言えるのか）に自らの経験や実績をその証拠として使い、ピラミッド構造を作り上げるのです（31ページ図2）。

そして最終的には、**自己PRと志望動機は統合されて、「私は御社に貢献できます」とならなければならない**のです。この視点でチェックするだけでも、的外れな自己PRや志望動機は防げます。

そして、「私には能力があります」は、ビジネスマンにとって必要ないくつかの能力によって構成され、それぞれの能力はもう少し細かい能力へとブレークダウンされます。

一方、「私は御社に合っています」のほうも、「私のやりたいことに合っています」「御社のカルチャーに合っています」と分解できます。

だから、あなたがしなければならないのは、自分自身に取材して、ピラミッド構造の下部に入るべきエピソード（経験や実績）を引き出すこと。それから、企業研究をして、自分のやりたいことや仕事に対する姿勢がその会社に合っているかを分析

図2

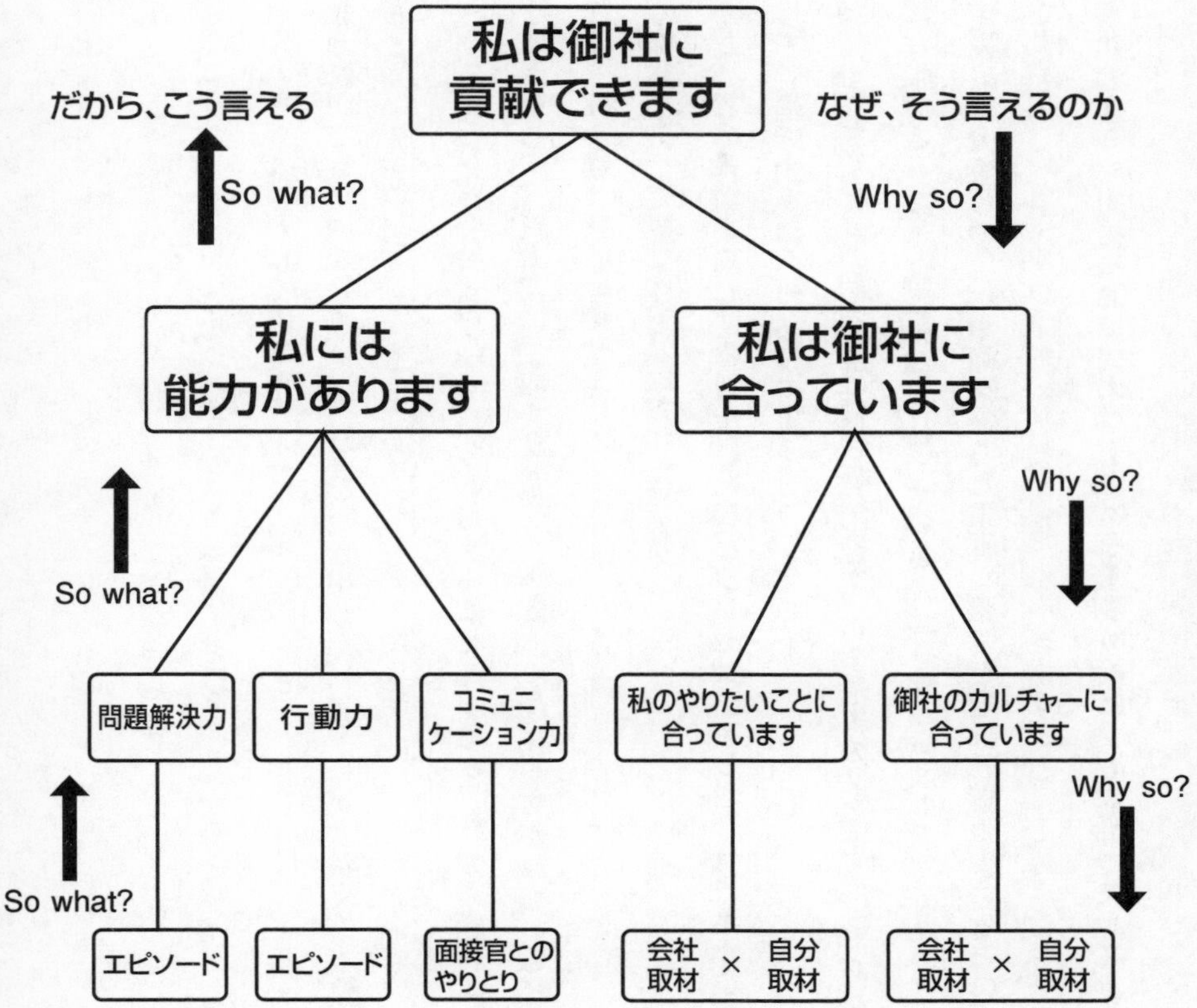
私は御社に
貢献できます
だから、こう言える
So what?
なぜ、そう言えるのか
Why so?
私には
能力があります
私は御社に
合っています
So what?
Why so?
問題解決力
行動力
コミュニ
ケーション力
私のやりたいことに
合っています
御社のカルチャーに
合っています
So what?
Why so?
エピソード
エピソード
面接官との
やりとり
会社
取材
×
自分
取材
会社
取材
×
自分
取材

することです。

そして、ここで大事なのは、でき上がったピラミッドにおいて、上から下へはWhy so？（なぜ、そう言えるのか）、下から上へはSo what？（だから、こう言える）の関係が貫かれていなければなりません。

もしそれができていないようであれば、引き出した経験や実績、分析が、上位のメッセージを人に説得する役に立っていないということです。

そういう場合には、さらに深く自分に対する取材をするか、自分の別のエリアを取材するかをして、縦方向に「Why so？・So what？」の関係が貫かれているピラミッドを作り上げなければいけません。

この作業は決して楽な作業ではありません。

しかし、**この作業を通じて作り上げた自己プレゼンテーションは、まず当然のこととして、論理的説得力があります。**

第二に、リアリティのある自己の経験や実績から、最終のメッセージである「私は御社に貢献できる」までが一貫性を持っているため、オリジナリティがあります。そして、極めて大事なのは、頑強な強さと柔軟な強さとを併せ持っているということなのです。

ご承知の通り、面接においてのコミュニケーションは一方通行ではありません。

自己プレゼンテーションも他のプレゼンテーションと同じように、様々な質問を受けます。

論理的思考力のあることを納得させたければ、その返答も論理的に返したいところです。その点、**論理的に練り上げられたものは構造的になっているため、質問が自分のプレゼンテーションのどの部分とどの部分に関係しているのかを即座に判断できる**のです。

構造化されたものだけが持つ、頑強な強さです。

そしてまた、自分で考えるということは試行錯誤の繰り返しですから、自然と周辺部も掘り起こす作業をやっているはずなのです。これが、少々ずれた質問であっても、自分の真の土俵に引き戻す柔軟な強さを与えるのです（面接官の質問が常に的を射ているとは限らない）。

この辺りのメカニズムは、答えを見てただひたすら解答を暗記した問題は応用が利かず、苦労して自分で問題を解いた場合にのみ、少しぐらい角度を変えられても、その対応に揺るぎがない強さを持てるというのと、全く同じことなのです。

それでは、次章以降で面接の受け方や自分取材の具体的な方法を述べていきたいと思います。

第1章　ロジカルポイント

◆オンラインであれ、対面式であれ、面接では「志望動機」と「自己PR」という二大テーマが問われる。

◆会社と学生の夢は必ずしも一致するとは限らない。

◆企業が欲しているのは「会社に貢献できる人間」。新卒は三年以内に利益を出すことが求められている。したがって、「会社への貢献度が低い」と判断されれば、即不合格となる。

◆Why so ? と So what ? を考え抜いてできた自己プレゼンテーションには、論理的説得力と意表を突くような質問にも柔軟に対応できる応用力がある。

Logical Point

第2章

ロジカルな人間は面接でも
コミュニケーション力を発揮！

ビジネスマンに必要な三つの能力

33ページの図2をもう一度ご覧ください。会社に貢献するために必要とされるものが二つに枝分かれしています。「私には能力があります」と「私は御社に合っています」の二つです。

この二つが会社への貢献をアピールする際に大別される二つのメッセージですが、本章では、「能力」の部分について説明していきたいと思います。

面接時に確かめられる「能力」というのは、どこの会社も実は同じで、「ビジネスマンとしての能力」であり、これは「問題解決力」「行動力」「コミュニケーション力」の三つで構成されます。

企業というものは、その業種が何であれ、人でき上がっている組織体です。ですから、チームの一員として機能するためには、「コミュニケーション力」は必須の能力です。

そしてまた、企業とは、目まぐるしく変化する環境の中で、顧客に対して何らかの価値を提供し、その見返りとして収益を上げていかねばならないという宿命を持っている存在です。その宿命に対して貢献できるのは、「行動力」と「問題解決力」を持っ

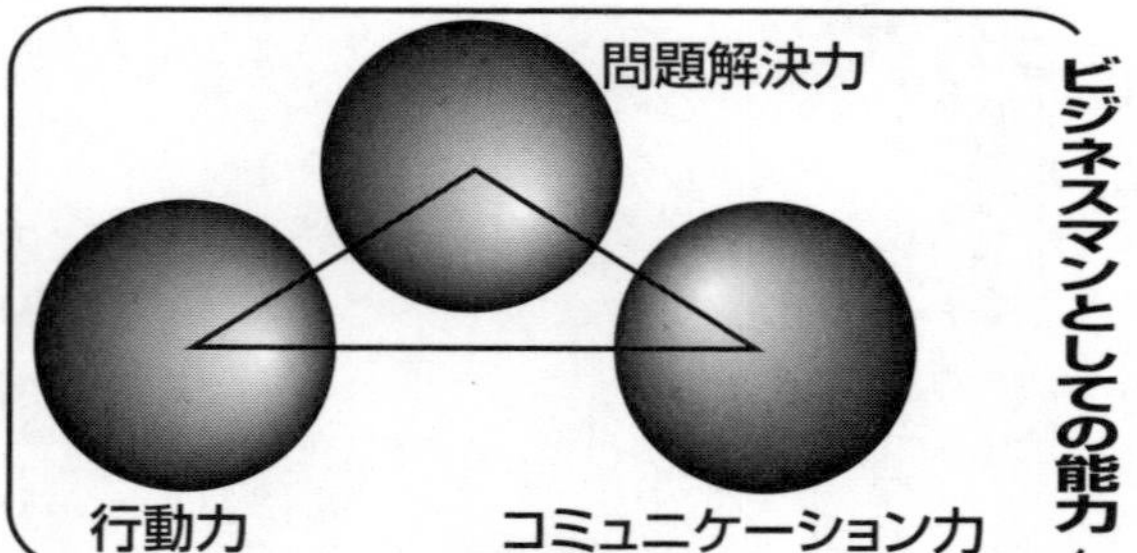

た人材だということなのです。

実はこの「ビジネスマンとしての能力」が、面接時に問われる能力全体のうちの概ね八割ぐらいを占めています（いわゆる総合職の場合。技術職の場合はこの限りではない）。

しかも、この試験は言わば、合格点が六十点ぐらいの試験ですから、「ビジネスマンとしての能力」を確信させることができれば、それだけでも、少なくとも能力の部分に限れば合格ラインを超えるのです。

「内定を取る奴は、業種を問わず片《かた》っ端《ぱし》から」という事実はそれを物語ります。実際、私の知人で、テレビ局、広告代理店、商社、銀行、不動産と、あらゆる業種から内定を勝ち取ったという人間がいました。入試でも通る奴はどこでも通るのと同じです。もちろん、このこと自体は特別に誉められたことではないでしょうが。

また、テレビ局や広告代理店を含め、ほとんどの会社が制作職や営業職や総務職だろうが、同じ形式の面接で採用しているという事実も、これを裏付けています（年々職種別採用が増加していますが、広告代理店のデザイナーのような特殊な職でない限り、やはり「ビジネスマンとしての能力」が問われると考えてください）。

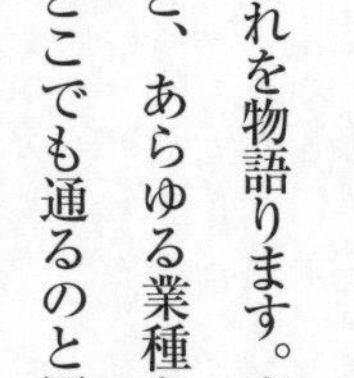

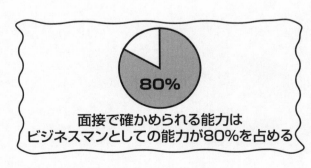

面接で確かめられる能力は
ビジネスマンとしての能力が80%を占める

筆者も零点《れい》だったクリエイティブ試験

このことを踏《ふ》まえると、陥りやすい面接の過《あやま》ちも自然と見えてきます。それは、業界の特殊性に目が行き過ぎて、その特殊性への適合能力を強調し過ぎて轟沈《ごうちん》する例です。

このパターンで恐らく一番多いのは、マスコミ志望の「クリエイティビティ強調」というものです。

筆者も面接官をやった経験から言うと、このパターンはあまりにも多くの悲劇を生んでいます。他の戦略をとれば、採用されたかもしれないような人材でも、このパターンで討《う》ち死《じ》にしてしまうことは、応募者にとっても採用側の企業にとっても、大きな損失です。

この悲劇を少しでも少なくするため、「クリエイティビティ強調」の誤りについて、僕の経験例を交《まじ》えて強調しておきたいと思います。

筆者のいた広告代理店の場合、確かに、「ビジネスマンとしての能力」ではなくて、「クリエイティビティ」で採用されたなと思われる同期が存在しました。ただし、それはほんの一、二名のみです。

しかも、その能力は、ペーパー試験で確かめられたものです。筆者の年度に行なわれたペーパー試験は、「次の人々に日本国憲法を読ませるためのセールストークを、それぞれ五十字以内で考えなさい」という問題でした。そして、「次の人々」というのが、大石内蔵助《くらのすけ》だったり、キヨスクのおばちゃんだったりを含む約十名で、それぞれの人名の下に、五十字分の升目《ますめ》が用意されていました。

この試験の所要時間は五十分間だったように記憶しています。筆者には、自信のある解答もない解答もありましたが、とにかく升目は全部埋めました。自己採点では、七十点ぐらいはいけたのではないか、と思っていました。

ところが、結果は何と零点だったのです。それを知ったのは、入社式から一カ月ぐらいしてからのことです。

この会社では、入社後約二カ月間は現場に配属されることなく集合研修がありました。その間は学生のようなものですから、五時半に終わって、その後は飲み会の連続です。

ある日、そんな飲み会で人事の方が横に座られたことがありました。研修担当の人事の方ですから、すでにこちらも馴《な》れ馴れしくなっていて、「あのクリエイティブテスト、僕は何点ぐらいでしたか?」と聞いたのです。

その方は、こともなげに言い放ちました。「ああ、あれ。零点」と。前述のように、筆者は結構自信があったものですから、驚愕《きょうがく》でした。

冗談かと思って聞き直しましたが、面と向かって「れ・い・て・ん」と、そこまでしなくてもと思われるぐらいの明確な調子で念を押されてしまいました。

それを聞いていた横の同期が、「では、自分は?」と質問しました。いかにも自信ありげに。筆者のことを一瞥《いちべつ》して「お前とは違う」という自信が滲《にじ》み出ていました。ところが、人事の方は、彼に向かっても、箸《はし》さえ止めず言い放ちました。

「零点、零点」

この時期には、まだ配属が決まっていなかったのですが、この彼は、熱烈に制作部署への配属を希望していたため、筆者よりショックが大きかったのがはっきり見てとれました。

ところが、それは別にショックを受けることではなかったのです。

先の試験には、約五百人の人間が挑《いど》んだそうですが、点が付いたのは何とたった二人。後は全員が零点だったそうですから。

実は、筆者は後日、点の付いた人間のうち一人が誰かを偶然知ることになるのですが、後年彼は、仕事の傍《かたわ》ら推理小説を書き上げ、日本ファンタジーノベル大賞・優秀賞を受賞するような人間だったのです。

内定を取りたいなら、三つの能力があることを示せ

このエピソードから、どのような教訓が導き出されるでしょうか？

まず一つは、**面接の中でクリエイティビティを積極的に問われることはない**ということです。そもそも、この能力を面接の中で確かめるということには無理があるのでしょう。

もし、それでも「僕／私は面接の中で、どうしてもクリエイティビティを主張したい」という方は、それを裏付ける強力な証拠を用意してください。そうですね、極端に言うと、学生時代にすでに芥川賞を受賞しているぐらいの、つまり、石原慎太郎氏、綿矢りさ氏、金原ひとみ氏並みの実績です。

もちろん、お勧《すす》めはできません。入試に例えると、取り組みやすい問題を放っておいて、難しい問題に拘泥《こうでい》するようなものですから。

その一方で、クリエイティビティ重視に見える広告代理店でさえ、ほとんどの人間に対しては「ビジネスマンとしての能力」が必須の能力、として考えているということが言えるでしょう。面接においては、この「ビジネスマンとしての能力」こそが問われるのです。

**強力な実績がない限り
クリエイティビティや
企画力の強調より
ビジネスマンとしての
能力で勝負**

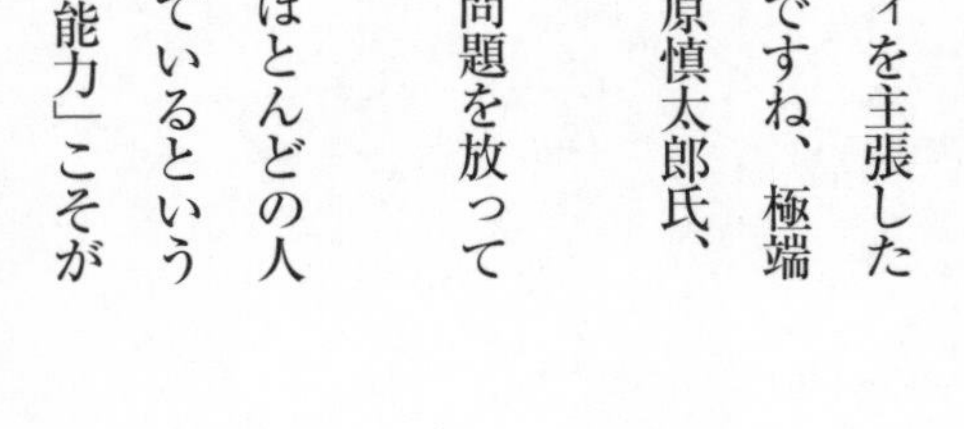

ですから、**クリエイティビティを強調しなくても、「ビジネスマンとしての能力」を確信させることができれば、内定を勝ち取ることができます。**そして、ほとんどの人間がこの方法で内定を勝ち取っているのです。

この辺りの事情は、テレビ局であろうが、新聞社であろうが、出版社であろうが、今もあまり変わりません。それはマスコミ会社も「企業」であることに変わりはないことに由来するのです。

そしてさらに重要なのは、この法則性が当てはまるのは、マスコミ業界だけではないという事実です。「クリエイティビティ」という言葉は、例えば「企画力」という言葉に置き換えても、その事情は同じだからです。

確かに、マスコミでの「クリエイティビティ」に比較すれば、それ以外の企業における「企画力」のハードルは高くないかの如く見えます。しかし、その分、「ビジネスマンとしての能力」はさらにハードルが高くなると考えることができます。つまり、一匹狼《おおかみ》ではあるが才能に溢《あふ》れている人材は、マスコミ業界よりもさらに排除される傾向にあるからです。

勘違いしている学生が本当に多いので念を押しておきますが、面接時に確かめられる能力は、どこの会社も実は同じで、「ビジネスマンとしての能力」、すなわち、「問題解決力」「行動力」「コミュニケーション力」の三つです。面接で突飛《とっぴ》なことを披露《ひろう》しようなどと考える必要はないのです。

特に重要なのがコミュニケーション力

ということで、これから皆さんは、自分がこの三つの能力を兼ね備えた人材であることをプレゼンテーションしなければいけません。それが面接というものです。

そして、そのプレゼンテーションを説得力あるものにするためには、自分自身を徹底的に取材し、自分自身の経験の中から先の三つの能力を証明する証拠を探し出さねばなりません。ですから、この三つの能力は即ち、後に説明する「自分取材」のための視点となるわけです。

特に、面接本番において、コミュニケーション力が必要なことは言うまでもありません。ただ、コミュニケーション力にはもう一つ別の側面もあります。

それは、**コミュニケーション力が、チームワーク能力の構成要素として大きなウエイトを占める能力**だということです。チームは人間の集まりです。そして、一人一人がチームの中で機能するためには、コミュニケーション力が必要なことは自明のことでしょう。

チームワークができる能力と言うと、何か人柄のよさを指しているような気がし

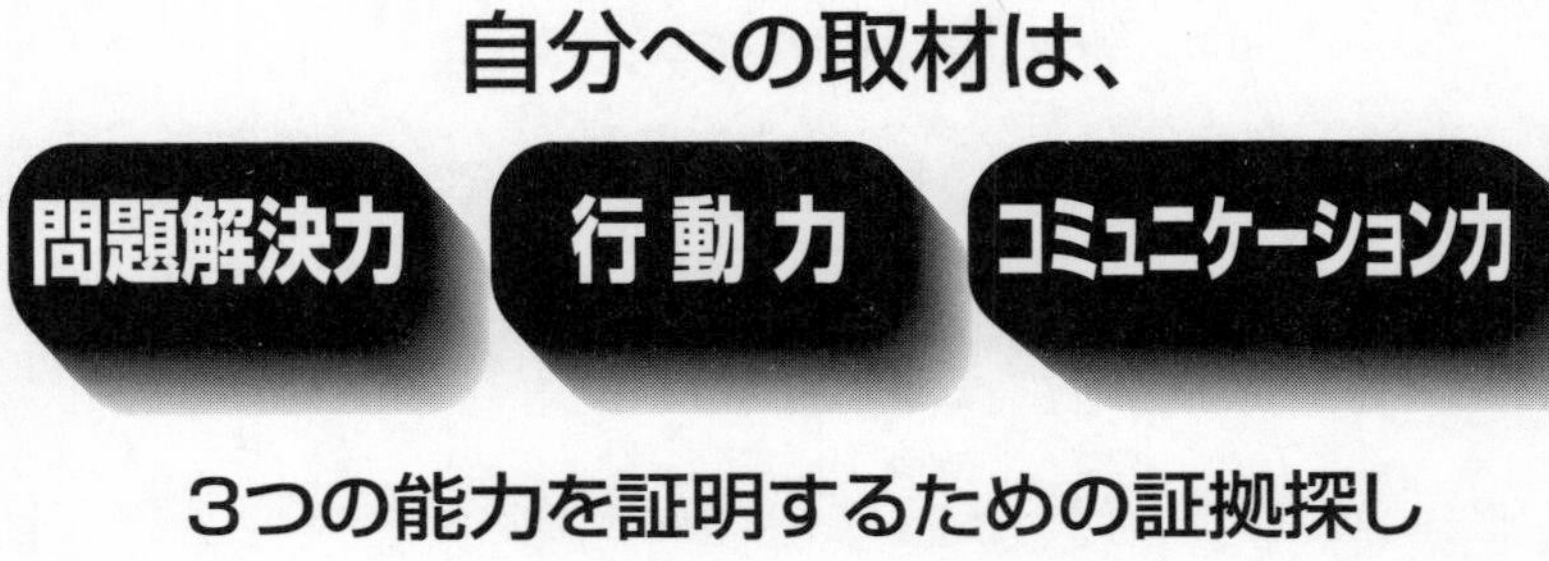

自分への取材は、
問題解決力
行動力
コミュニケーション力
3つの能力を証明するための証拠探し

ます。確かに人柄のよさは大事です。ただし、人柄が全てではありません。

しかも、人柄は面接だからと言って、変えるわけにはいかないのです。ですから、面接においては、(人柄とは違って)準備次第で何とかなる、コミュニケーションの重要性が増すのです。そういう視点で、ここからの説明をお読みください。

コミュニケーション力は実力が赤裸々に露呈

オンラインであれ、対面式であれ、面接の場において面接官と受験者は初対面です。ですから、面接官にとってエントリーシートに書かれた以上の受験者に関する情報はありません。しかも、面接の時間は限られています。一次、二次と階段を上がっていったとしても、最も長い面接でせいぜい二十分から三十分程度です。

この二つの制約の中で、面接官に自分自身をフルに理解させなければいけないのです。必然的に、エントリーシートにしても、自分自身のプレゼンテーションにしても、よほど整理されて、磨き上げられたものが必要となります。

この意味において、コミュニケーション力は、他の二つの能力と異なっています。つまり、能力の証明の仕方が違うのです。

他の二つの能力、すなわち問題解決力と行動力は、自分自身を取材してその証拠を挙げて証明するのに対し、**コミュニケーション力については、エントリーシートの書き方、自分自身のプレゼンテーションそのもので能力を証明しなければならないからです。**

「私はコミュニケーション能力があります」というプレゼンテーションはあまり意味がありません。そのプレゼンテーション自体に説得力がなければ、羊頭狗肉《ようとうくにく》になってしまいます。

女性をその財力で口説《くど》こうとして、「邸宅がどうのこうの、別荘がどうのこうの、車がどうのこうの」と話しておきながら、食事代を割り勘にするようなものです。

質問の意味がわからなかったら、面接官に確認

それでは、面接で失敗しないために、どういう点に注意したらいいのでしょうか。

コミュニケーション力を次の四つに分解して考えていきましょう。

①理解力
②察知力《さっち》
③言語化力（論理的構成力）

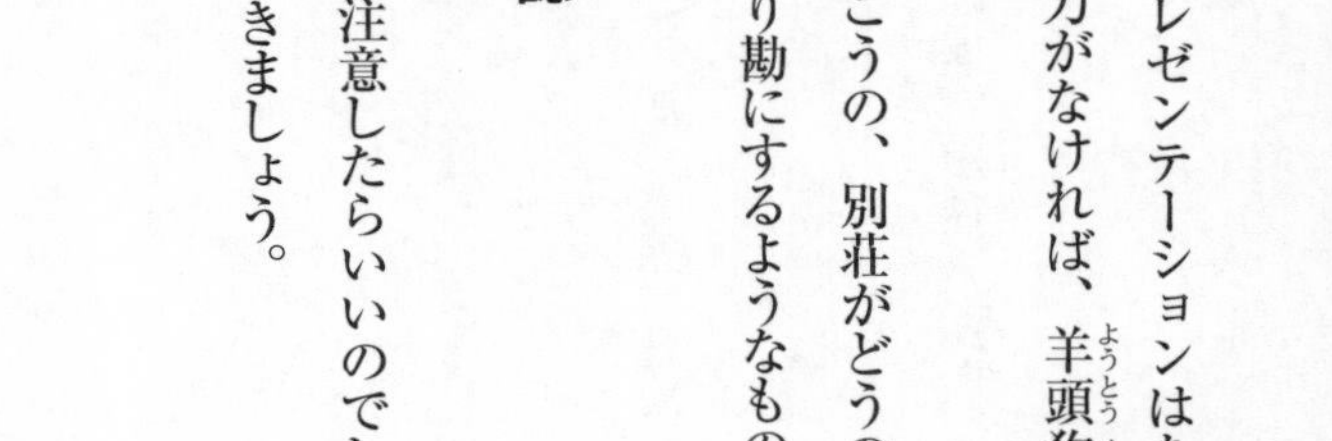

面接自体がコミュニケーション力証明の場

④話術

理解力とは、相手の言葉を理解する能力です。日本人なのだから、それぐらいのことは誰でもできるはずなのですが、実際はそうでもないのです。

例えば、面接官が「なぜ□□□なのですか？」という質問をすれば、それは理由を聞いているわけですから、「○○○だからです」とか「○○○というのがその理由です」という返答になってくるはずです。そうでなければ、質問が理解されているということにならないわけです。

この程度のことは当然だと思われるでしょう。ところが、実際には次のような会話が展開されることが結構あるのです。

面接官▽「うちは、業界では二位の会社ですが、なぜあなたは、一位のA社ではなくて、うちを第一志望にされたのですか？」
学　生▽「僕は誰が何と言おうと御社が第一志望です」

このような珍妙な答えが結構見受けられてしまうのです。

また、こういう例もあります。

面接官▽「うちは、業界では二位の会社ですが、なぜあなたは、一位のA社ではなくて、うちを第一志望にされたのですか？」
学　生▽「僕が最も入社したいのは御社だからです」

確かに、「からです」で終わってはいますが、これは単に「第一志望というのは一番入りたい会社のことです」という意味のない解説をやっているのと同じです。

もちろん、これではコミュニケーションが成り立っているとは言えません。コミュニケーション力が最も低いと判断されてしまう例です。こういう場合は、そう判断されても無理もありません。しかし、実際には理解力には問題がないにもかかわらず、理解力が乏しいと判断されてしまう場合もあります。

一つには、面接官の質問自体が曖昧で、それに対して確かめることもなく質問内容を推定して返答し、それが間違っていたような場合です。

学生に高度なコミュニケーションを要求する面接官が、常に完璧なコミュニケーションを成立させているのかと言うと、それはそうでもないのです。現実としては。

ですから、実際には、「内容を理解しろ」と言うほうが無理難題な質問だってあるのです。ところが、面接を受ける側という弱い立場におかれると、「理解力に問題あり」と取られるのが恐ろしくて、質問の意味を推定して、答えてしまうことが多いようです。

しかし、これは絶対に避けなければいけません。**「質問の意味がわからない」と思った場合には、素直にその旨を告げてください。**

確かにそのことで、理解力に関してマイナスが付いてしまう場合もあるかもしれません。ただ、それは本当にレアなケースです。また、マイナスポイント自体もさほど大きいものとは思えません。ですから、質問の意味を問いただすことは、全くローリスクです。

これに対して、そうしないことは、かえってハイリスクに晒《さら》されることになります。質問の意味を想定し、その推定が全く的外れだった場合は、あまりにも悲惨です。そこから後のやりとりが、全くトンチンカンなことになってしまうからです。

これが、実際には理解力があっても、理解力が乏しいと判断される場合、その一です。

自分の意見にこだわり過ぎるな

その二が柔軟性に欠ける場合です。

面接は自分自身のプレゼンテーションです。せっかく練り上げたプレゼンテーショ

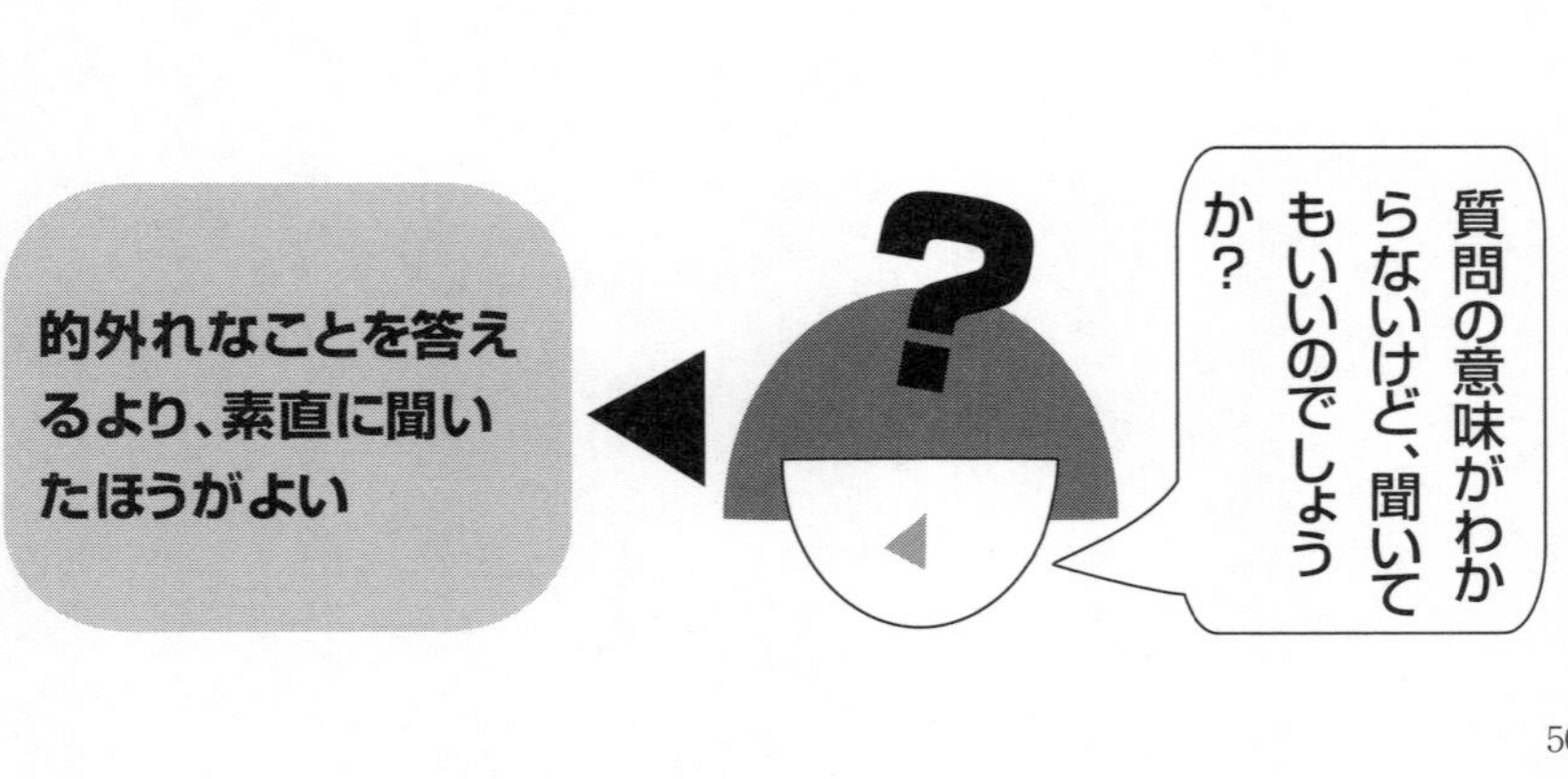
質問の意味がわからないけど、聞いてもいいのでしょうか？
的外れなことを答えるより、素直に聞いたほうがよい

ンに拘泥したい気持ちはよくわかります。しかしプレゼンテーションならばこそ、面接官から反対意見や懐疑《かいぎ》的な質問が飛んでくるのは至極《しごく》当然のことなのです。

それを、自分の意見に固執《こしつ》するあまり、相手からの反応に対して素直に応答しなければ、「この学生は質問の意味を理解していない」と解釈されてしまう危険性が高いのです（「理解しているくせに、反応しない」と受け取られても、それはそれで大変なマイナスなのですが）。

例えばこんな場合があります。

学　生▽「私が御社を志望した理由は、これからの日本のトレンドを考えた場合、○○○ということが予想され、そのような環境の下では私の△△△という能力が生かされると確信するからです」
面接官▽「しかし、そのトレンドに関しては、□□□ということを考えることもできるのではないのですか？」
学　生▽「いえ、それはないと思います」
面接官▽「どうしてそう言い切れるのですか？」
学　生▽「それは、……だからです（と言って冒頭の発言をそのまま、再度繰り返す）」

「確信」という言葉を使うからには、この学生はよっぽど準備に時間をかけて、プレゼンテーションを練り上げたのでしょう。

しかし、こういう時こそ自ら掘った落とし穴に注意しなければいけないのです。それは、自分のプレゼンテーションに自信を持ち過ぎて、プレゼンテーションを受ける面接官の言葉が軽率に見えてしまうことです。「何言ってるの、よく考えもしないで」というように。

それ故、「いえ、それはないと思います」という素っ気ない返事になってしまうわけです。そして、「どうして?」という質問が再度投げかけられた際には、「この面接官はわかっていない」ということで、同じ主張を繰り返しているわけです。

確かに、面接官の理解力不足という場合もあるでしょう。しかし、これはプレゼンテーションなのですから、「わかってもらってなんぼ」なのです。「面接官がわかっていない」という結果だけが、全てなのです。そして、それは面接を受けるほうの責任となってしまうのが厳しい現実です。

ですから、**面接官からの質問や疑問に対しては、質問の内容が理解できれば「とりあえず質問の意味は理解してるよ」というサインを出すことは必要**なのです。たとえ、その質問が面接官の理解力不足から生じた意味のない質問だったとしても。そういう柔軟性は必要なのです。

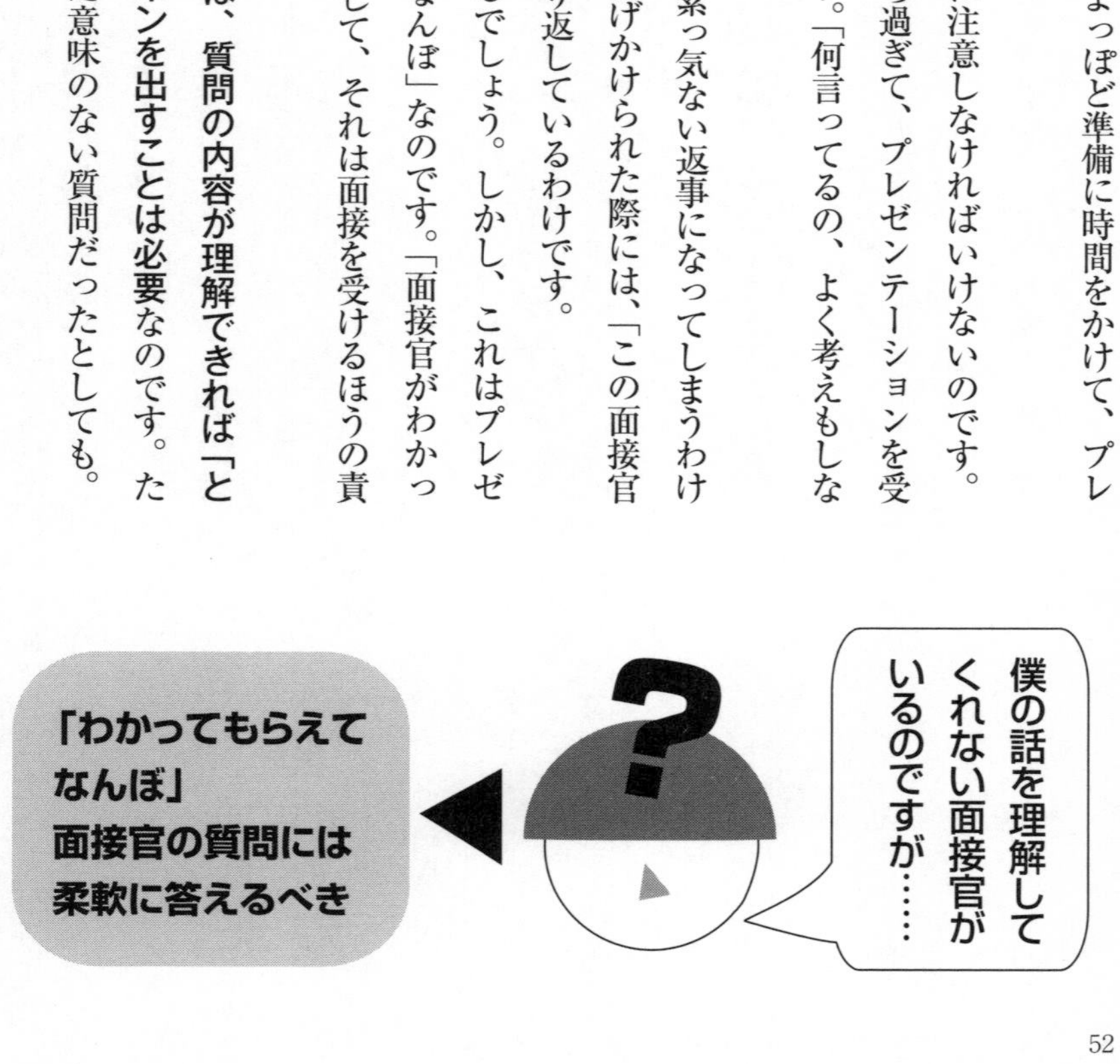
僕の話を理解してくれない面接官がいるのですが……
「わかってもらえてなんぼ」面接官の質問には柔軟に答えるべき

面接に勝ち負けはない

結果として、柔軟性に欠けることになってしまう場合は、もう一つあります。「面接の途中で自説を変えること＝自分が間違っている＝マイナス評価」という思い込みを持ってしまった場合です。

実際の面接では、そんなことを心配する必要はありません。

そもそも面接はディベートではありません。ですから、勝ち負けという概念自体がありませんし、況《いわん》や、それに勝ったから合格、負けたから不合格というものではないのです。

その代わりに**絶対必要なのが、会話のキャッチボールの中で建設的な議論ができること**です。

そういう意味からすると、**自説を頑固《がんこ》に変えない人材というのは最悪**です。チームとして意見を進歩させるための障害となってしまうからです。

ですから、面接において何が何でも自説を変えないで主張する必要はないし、それは全くの逆効果なのです。

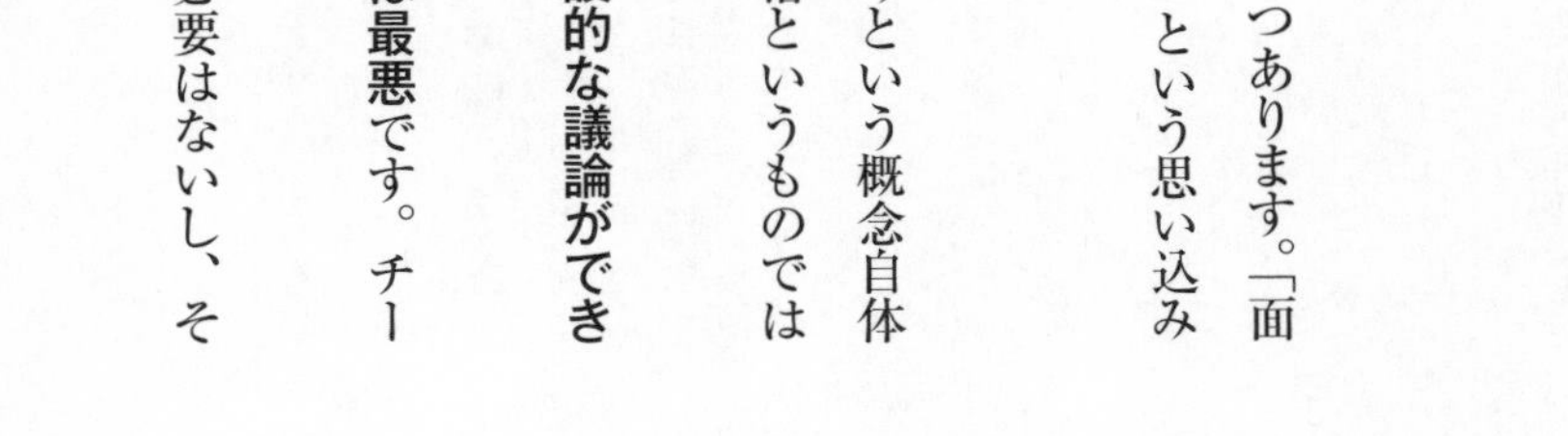
「しまった！」面接官が自分と異なる見解を示した？
自説を変えることを恐れないで、会話のキャッチボールを

面接では視線を下に落とさず、場の空気を読み取れ

理解力が、相手の言葉を理解する能力なのに対し、察知力とは、言葉に表れない相手の意見や感情を読む能力です。つまり、場の空気を読み取る能力なのです。場の空気を読み取るためには、**コミュニケーションの場にいる人々の、表情、しぐさ、声、発言の間《ま》など、あらゆる信号に五感を使って対処しなければいけません。**

ビジネスがボーダレス化して明確なコミュニケーションが求められるようになっているとは言っても、普通は日本人同士のコミュニケーションがほとんどのはずです。ですから、空気を読み取る能力のない人間は、コミュニケーション能力がないと判断されてしまいます。釈迦《しやか》に説法という言葉がありますが、以下はその類《たぐい》の例です。

学　生▽「ITの発達は、夢物語だった真の意味でのOne To Oneマーケティングの実現への大きな一歩だと思います」
面接官▽「そうですね」
学　生▽「それがなぜかと言うと、従来のテレビや新聞の場合、広告が到達する必

要のないターゲットにまで、広告が行くことになるからです」
面接官▽「そうですね」
学　生▽「例えば、お酒の広告の場合、未成年に到達する必要がないのですが、テレビの場合……（と続く）」
面接官▽「そういう説明よりも、それがあなたの志望動機とどうつながっているのかを教えてください」

この場合、冒頭の部分は別に何の問題もありません。ただ、その後の説明は不要でしょう。面接官が「そうですね」で受けているわけですから、その内容は十分わかっているというサインです。であれば、それに気付かずダラダラと話を続けて、「そういう説明よりも」という言葉と言わせてしまったら、それは大失敗です。

面接官はこの学生に、「察知力のない奴」という印象を持ったはずです。この面接官が営業関係の方だったら、こういう学生は「とても客前に出せないな」と感じたはずです。

時間をかけて用意したプレゼンテーションですから、「一気に話してしまいたい」という気持ちはわかります。しかし、**余裕を持って、聞くほうがどう受け取っているかを気にしながら、その都度、軌道《きどう》修正しなければいけません。**

これができて初めて、「相手に理解してもらう」という最終目的が達せられるプレゼンテーションになるはずです。

そうするためには、**視線を上に向けてください。**テレビで見るような国会答弁、つまり官僚の書いた原稿をただ読み上げる政治家のようになってしまうのが、タブーなのです。そうではなくて、面接官と会話するつもりで話しましょう。当然、視線は上に上がります。そうすれば、五感で捉えられる情報は自然と入ってくるはずです。下を向いて、独《ひと》り善《よ》がりのプレゼンテーションをすることは禁物です。

「起承転結」は面接に不向き

言語化力というのは、レベルとして二段階あります。一つは言葉一つ一つのレベルでの能力であり、もう一つは論理的構成力です。

はっきり言って、前者に関しては即効性のある処方はありません。日本語を使ってきたその軌跡《きせき》が明確に出てしまうのです。

ただ、心配はいりません。別に文学的な素養が求められているわけではないのですから。二十年以上日本語を使ってきたのであれば、一つ一つの言葉の洗練さにはあまり気を使うこともないと思います。その代わりに、**論理的構成力はかなりきっ**

原稿を読み上げるだけでは
場の空気はわからない

視線を上に向ければ
「会話」することができる

ちりと問われると思ってください。

論理的構成力とは、「根拠」と「道筋」から「主張」を生み出す能力であり、「主張」に対する「なぜ?」に説得力をもって答えることのできる能力ということになります。この要請に対応するには、自分のプレゼンテーションに時間をかけて整理しておくことが大事です。

まず、論理の進め方には、二通りあることを理解しておかねばなりません。「ピラミッド・ストラクチャー型」（33ページの図2）と「起承転結型」です。まず両方の型の簡単な説明をしておきましょう。

【起承転結型】

起承転結型は、言うまでもなく結論が最後に来ます。「起承転結」の出所は漢詩の「絶句」だということもあり、「ハラハラ、ドキドキ」という文学的表現には向きます。しかし、話の流れが直線的で、途中の内容をスキップして、つまり省いてしまうとリズムが壊れます。

しかも、そもそもの話の内容が「ハラハラ、ドキドキ」しない場合、聞き手に話を中断される危険性があります。

【ピラミッド・ストラクチャー型】

面接においてのピラミッド・ストラクチャー型の論法は体力の例を使って言うと、「私は体力があります。体育会のラグビー部での練習は密度も濃く、毎日四時間も続きます。また、試験前になったら三日続けての徹夜なども珍しいことではありません」という型になります。

結論を先に持ってくるため、これから何をプレゼンテーションしようとしているかが、明確になります。そして、その後にその「結論」に至った「根拠」が示されるわけです。

面接のような、短い時間で勝負が決まるプレゼンテーションには適した論理の進め方と言えます。

結論を先に述べたほうが面接官も理解しやすい

同じ内容を二つの論法で話を進めてみて、比較したいと思います。例えば、次のような例で考えてみてください。

面接官▽「では、あなたの自己PRをお願いします」

学　生▽「僕は、学生時代ずっと東京ドームでビール売りのバイトをやっていました。このビール売りのバイトで好成績を残すためには、頭を使わなければなりません。というのは、ゲームの流れを見ながら、そのゲームごとにどのタイミングで重点的に力を注ぐかを見極めなければいけないからです。例えば、○△□○△□。このような見極めのノウハウを自分なりに見つけ出した僕は、最高売り上げ賞を七回も貰《もら》いました。これは、従来の記録の三回を大きく塗り替える記録だということです。また僕は、あるクラブで模擬店をやった際にも、学園祭の売り上げの新記録を樹立しました。この際にやったことは、○△□○△□。このようなエピソードからおわかりのように、僕は、情報を五感で感じ取って、法則性を見出す能力があるのだと自負しています」

これは起承転結的に話を進めた場合です。次に同じ内容をピラミッド・ストラクチャー型で展開してみます。

面接官▽「では、あなたの自己PRをお願いします」

起承転結型は、ダラダラ話が続いてしまう可能性がある

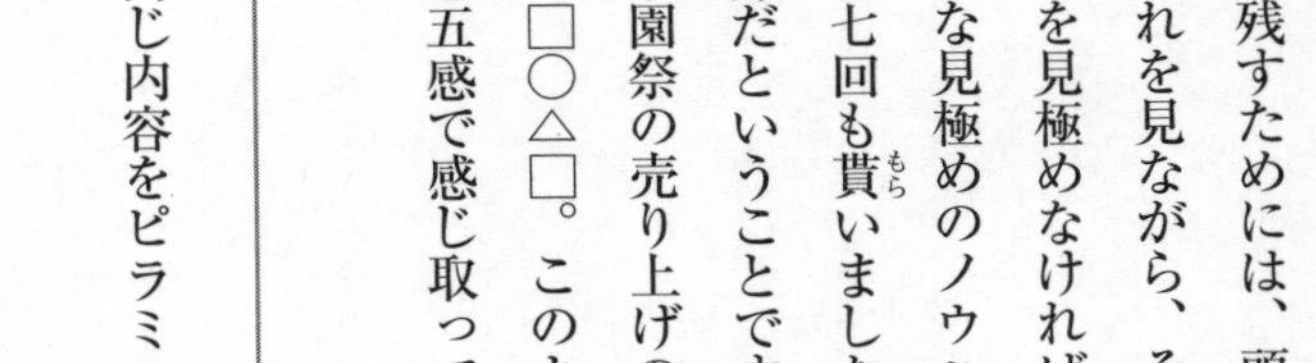

学生▽「僕は、情報を五感で感じ取って、法則性を見出す能力に長《た》けていると自負しております。それを物語る代表的なエピソードが二つあります。一つは、東京ドームでのビール売りの最高売り上げ賞を七回も受賞したことと、もう一つは、学園祭の模擬店での売り上げの新記録を樹立したことです。まず前者についてご説明します。野球のゲームの最中にビールを売るには、ゲームの流れを見極めて、そのゲームごとにどのタイミングで重点的に力を注ぐかを見極めなければいけません。例えば、○△□○△□。後者に関しては……」

この二つは、全く同じエピソード（証拠）を使って、自分には問題解決力があることを理解させようとしているのですが、どちらが面接官にとって理解しやすいでしょうか？　もちろん、後者のピラミッド・ストラクチャー型のほうでしょう。

では、なぜそうなのでしょうか？　それは、ピラミッド・ストラクチャー型が、連れて行ってくれる方向性を最初に示すからです。これは聞いているほうに明確な視点を与えることになります。ですから、途中で少しぐらい不明確な部分があったとしても、面接官の全体的な理解にさほどの影響を与えません。

面接のプレゼンテーションは、面接官の頭の中に絵を描く行為に例えることがで

ピラミッド・ストラクチャー型はプレゼンの主旨が明確

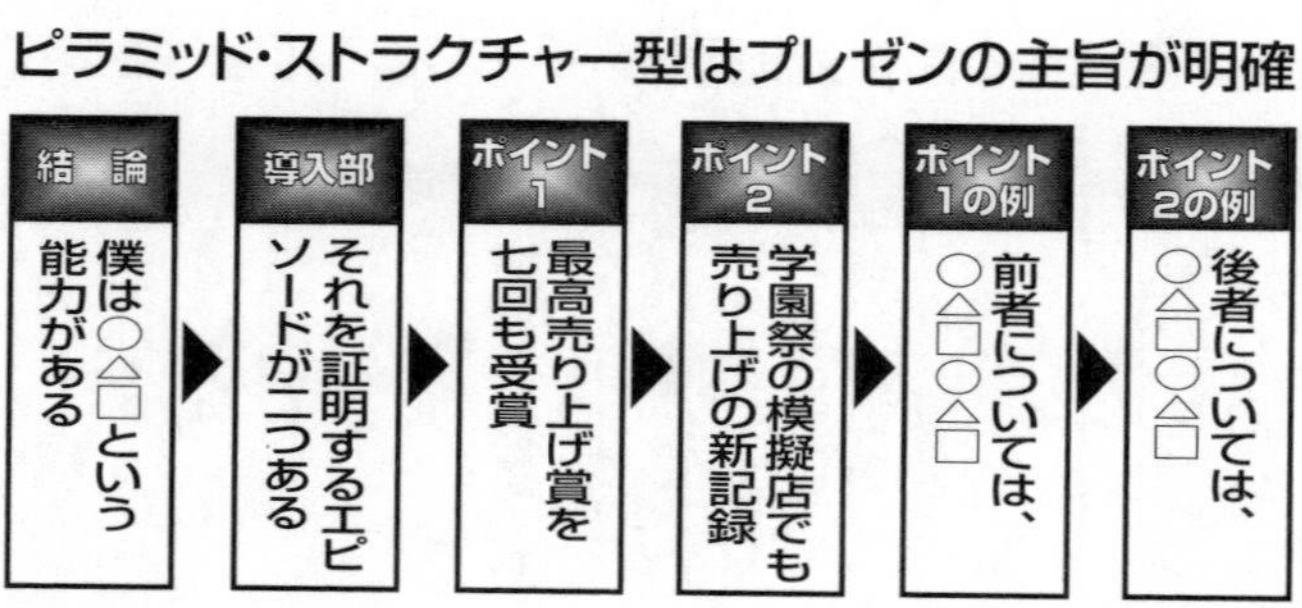

結論
僕は○△□という能力がある
導入部
それを証明するエピソードが二つある
ポイント1
最高売り上げ賞を七回も受賞
ポイント2
学園祭の模擬店でも売り上げの新記録
ポイント1の例
前者については、○△□○△□
ポイント2の例
後者については、○△□○△□

きます。だとすると、顔の絵を描く際に、輪郭《りんかく》から描き始めるのと、鼻から描き始めるのとでは、どちらが賢明でしょう。

輪郭から描き始めれば、最初から「これは、顔を描くのです」と予告しているのですから、面接官にとって、全体観が掴《つか》みやすいのです。しかも途中で、口のパーツの絵が下手だったとしても、「この位置にこんな形のものを持ってくるということは、これは口なんだな」とわかってもらえます。その位置に筆を持ってきた時点で。

これに対して、鼻から描き始めると、一つ一つのパーツを精緻《せいち》に書いたとしても、面接官にとって、全体像は最終形に近くなるまで見えてきません。

ですから、**面接のような短いプレゼンテーションにおいては、ピラミッド・ストラクチャー型で話を進めることをお勧めします。**そうすれば、話が少々長くても、「コイツは、いったい何の話をしているのだ?」とはならないはずです。

話し方の巧拙《こうせつ》や声の出し方も合否に影響する

ペーパー試験では、言いたいことが的確な言葉となって、論理的な筋が通っていれば、「後は試験官へお任せ」なのですが、面接だとそうはいきません。語りの上手・下手で、説得力に雲泥《うんでい》の差が出てくるからです。それが、話術の問題です。

プレゼンテーションは絵を描くのと同じ

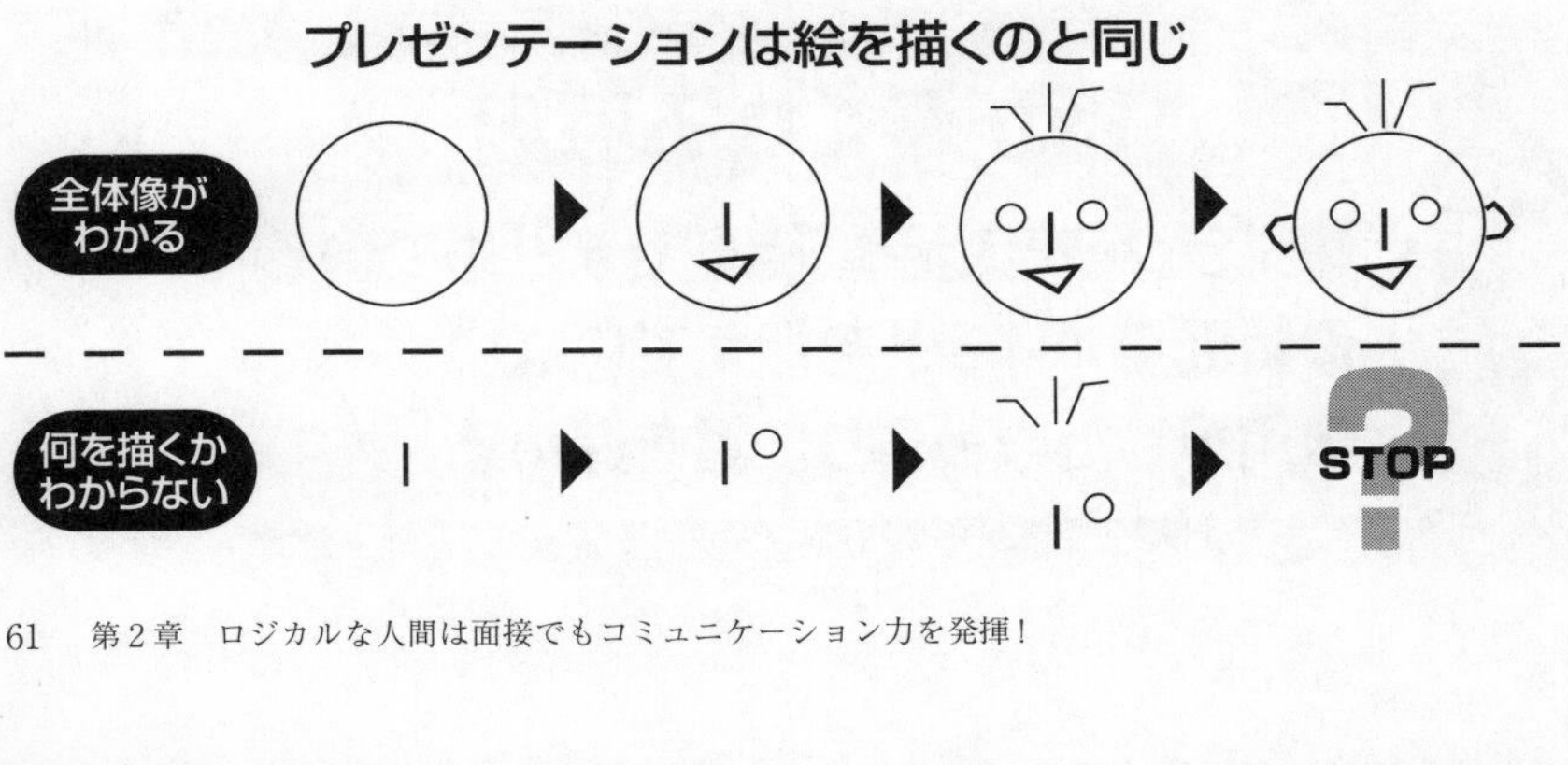

当然、話術には理解力と察知力が前提となります。相手が欲していることに的確に答えるのが、理解させるプレゼンテーションの基本条件なのですから。ここではすでにこの二つの力については十分な理解があるものとして、それ以外の部分についてのみ取り上げたいと思います。

まず大事なのは、話の長さです。あまり話が長いと、面接官は「ポイントをはずしている」という印象を受けるか、または途中で興味を失ってしまうかです。

話が長くなる原因は三つあります。

まず最初は、全てを起承転結型で話をまとめている場合です。この場合は、実際の話の長さが問題というよりも、聞き手である面接官に心理的長さを感じさせてしまう場合が多いのです。それは、目的地がどこで、どうやって行くのか聞かされない旅のようなものだからです。

その次は面接官が聞いているポイントを実際に捉えていない場合です。これは、話し方の問題というよりも、やはり理解力や察知力の問題です。

話が長くなる原因の三つ目は、用意した自己PRや志望動機のプレゼンテーションを、用意した通りに話そうとしてしまうことです。

もちろん、その都度《つど》その都度、機転が利いて面接官が要求する部分だけを、要求

話が長くなる原因

- ダラダラと起承転結型でまとめている
- 質問のポイントを捉えていない
- 用意した原稿通りに話を進める

する長さで話すことができれば、それに越したことはありません。そんな器用なことを「そうしましょう」とただ書くだけでは、本書の存在意義がありません。

そこで対策なのですが、**プレゼンテーション用に三十秒、一分、二分の三タイプを用意することを推奨**します（僕も、広告代理店の入社時には研修の中で、プログラムの節目ごとに「今日は△分で自己紹介」と五パターンぐらいの長さの自己紹介をやらされました）。

これをやっておけば、自動的にプレゼンテーションを構成する一つ一つの「話」の詳しいバージョン、普通バージョン、概略バージョンができ上がることになります。そうすると、その都度の面接官の要求にも応用が利きやすくなるのです。

ただし、面接では自己PRと志望動機を話して終わりということにはなりません。その後の面接官からの質問に答えなければならないのです。そのために、もう一つ、情報をより具体的にした五分バージョンを作っておくべきです。どんな質問でも、それを基に、またその中の要素を話せるように情報をつなげばよいのです。

次に語りの上手・下手で問題になるのは、声の問題です。

その一つ目は声の大きさでしょう。これに関しては、もちろん声を張り上げる必要はありません。ただし面接官に聞こえなければ、文字通りお話になりません。この点についてはあまり多くを説明する必要もないでしょう。

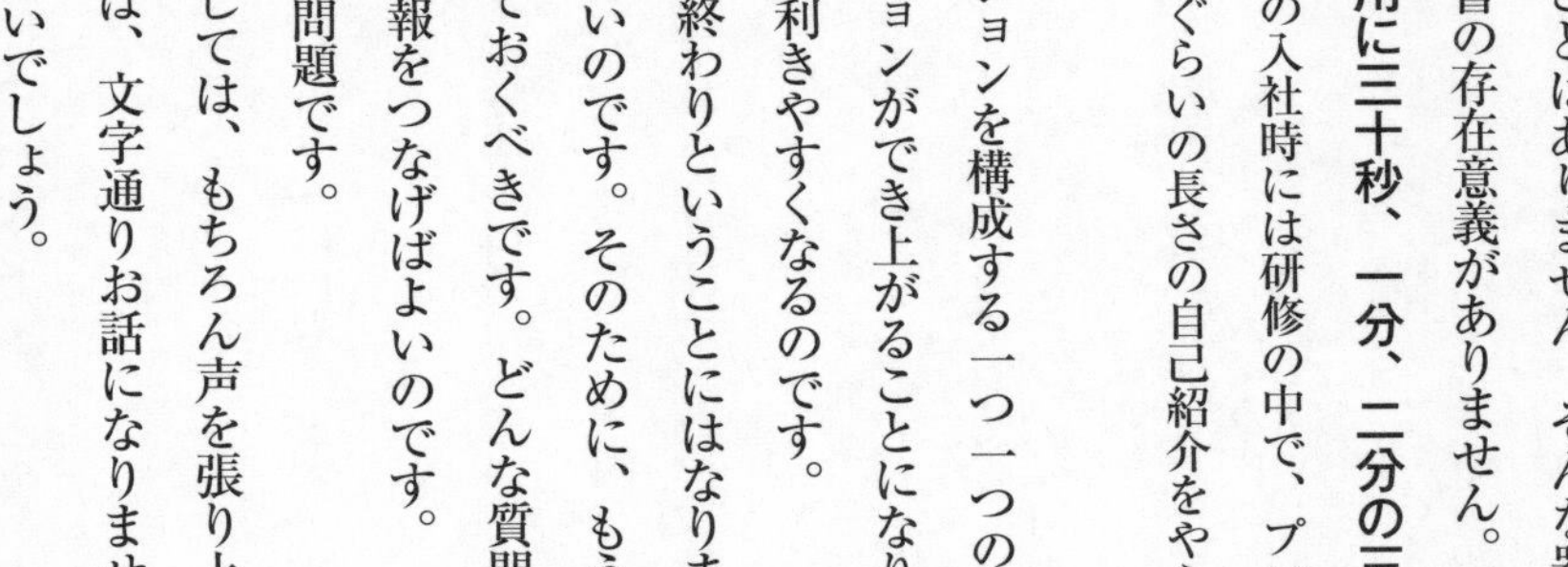
自己PRや志望動機は
概略バージョン 30秒
普通バージョン 1分
詳しいバージョン 2分
+
具体的バージョン 5分
3+1つを用意すればどんな質問にも応用が利く

それよりも大事なのは、抑揚《よくよう》です。要《かなめ》の部分は「ここが大事だぞ」とわからせるためにも語調を強く、声も大きくすることが大切です。

その他、身振り手振りだとか、チャートを用意するとか様々なテクニックがありますが、これら全て、話す内容が論理的に構成されてなんぼのものと考えてください。話す内容の論理構成が不完全なままに、テクニックに走っても意味がありません。

また逆に言うと、**論理構成が明確になれば、先の抑揚も自然に決まってくる**はずなのです。

以上、コミュニケーションに関するいくつかの留意点を挙げましたが、最も大事なのは、言いたいことの論理的整理と予行演習だと思います。

論理的整理には、絶対に文章を書くことが必要です。話しているだけだと、論理が曖昧でも、なんとなく論理的に筋が通っているように、自分で思えてしまうからです。

そして、**自分で文章を完璧だと思うまで磨き切ったら、次は他人に見せて意見を聞くこと**です。プレゼンテーションの予行演習は、最低五人ぐらいを相手にやってください。

論理的に整理した文章を見せる相手も、プレゼンテーションの予行演習の相手も、できればあなたを全く知らない方を相手にするのがよいと思います。

確かに、自分のことを全く知らない人間を見つけるのは大変でしょう。しかし、友人と知り合いを交換し合うようなことだってやろうと思えばできるはずです。それこそ、問題解決力が試される局面なのではないでしょうか？

学生という立場を弁《わきま》えないと受からない

最後にもう一つだけ付け加えておきたいことがあります。あなたが会社の面接官の立場であると想像してみてください。面接の際に、学生に理屈をこねられたり、尊大な態度をとられたりしたら、いい気分がしますか？　部下に使いたいと思いますか？

「私は御社に貢献できます」というメッセージを自分では伝えたつもりでも、面接官に「こんな奴と働くのはごめんだ」と思われたら元も子もありません。「コイツは会社に貢献してくれそうだ。ぜひとも自分の下で働いて欲しい」と、素直に実感してもらうためには最低限のマナーをクリアしている必要があるでしょう。

皆さんはあくまでも学生です。受験する会社や業界のことや経済のことをいくら勉強し、研究したとしても、実際その中で働いたわけではありません。そこが中途採用の人との違いです。

それに対し、面接官はプロであり大先輩なわけです。**面接官に敬意を払い、学生としての謙虚さを持ち、逸脱しない常識的な態度で面接に臨むべき**であることは、人として至極当然のことでしょう。面接官だって人間です。心証によって評価が左右される部分もあるはずです。

例えば、新聞社やテレビ局を受ける学生のパターンとしてよく見かけるのが、「そもそもジャーナリズムとは……」と、いきなり*ジャーナリズム論をレクチャーし始める人。まさに釈迦に説法ですし、面接は学生の（しかも、オリジナルではなく、どこかの評論家や学者の受け売り）ジャーナリズム論発表の場ではありません。

挙句《あげく》の果てに、「この時代に地方テレビ局の存在理由は希薄ですよね」と鼻息荒く結論付け、実際に某民放キー局で地方局とのパイプ役となる部署にいた面接官の顔が引きつっていた、という話さえ耳にします。

こうした学生に対し、「コイツよく勉強しているな」という印象と「実態も知らないくせに、偉そうな口叩くなよ」という印象のどちらが面接官に残るでしょうか。

面接は自分の勉強してきた成果の発表会ではないし、ましてや、面接官の気分を害すための場ではないのです。

学生に求められているものは前述の通り、「三年後の可能性」であって「完成品」ではありません。ですから、「御社に貢献できる」というメッセージを伝えると共に、「学

＊ジャーナリズム論をレクチャー
絶対にやってはいけないと言っているのではない。オリジナリティがある、誰もが唸《うな》るような論を持っているのなら、レクチャーすればよい。それ即ち、「会社に貢献できる」からだ。だが、そうでないなら、「あなたはどういう人なのか」を魅力的に語ることで「会社に貢献できる」ことをアピールする、もっと有効な手段があるはずだ。

生らしさ」や「常識」を持っていることが必要とされていることを忘れないで下さい。

第2章　ロジカルポイント

◆オンラインであれ、対面式であれ、面接で見られるのは、コミュニケーション力、行動力、問題解決力の3つ。

◆面接官の質問内容が不明確な場合は意味を確認する。曖昧にしたままで回答するのはハイリスクである。

◆面接でのプレゼンテーションにはピラミッド・ストラクチャー型を用いる。

◆面接官とのやり取りの中で自説を変えても問題ない。

◆話の長さ、抑揚、声の大きさなどにも注意する。

◆「学生らしさ」や「常識」も持ち合わせていることを面接官にアピールし、「一緒に働きたい」と思わせる。

Logical Point

報道デスクの目◆1 客観的に見ていますか？

昨今では、一見フリートークのようなキャスターのコメントも、実は綿密な打ち合わせで決められた内容を話すことが殆《ほとん》どです。

その点、以前、六年近く私がニュースコーナーのキャスターを務めていた「情報ライブ　ミヤネ屋」は異色です。大阪制作で宮根誠司さんの独特のキャラクターのせいか、東京と中継を結んでいるニュースコーナーでも事前の打ち合わせは一切無い、今では珍しい情報番組です。

当時は十分弱あったニュースコーナーには、途中と最後の二回、「かけあい」と呼ばれる大阪の宮根さんやスタジオゲストと東京にいる私とのフリートークがありました。どんなトークになるのかは宮根さん次第なので、話題は政治や事件の他、その日の天気や前の日の飲み会の話など本当に多岐《たき》にわたります。どこから矢が飛んできてどう受け止めるか、緊張の連続です。

私がそんなミヤネ屋のキャスターになって間もない頃、声が枯れていたことがありました。すると、フリートークで宮根さんが「下川さん！　オカマみたいな声になってるけど、どないしたん？」と聞いてきたのです。私は「クーラーにやられて風邪を引いてしまったようでお聞き苦しくてすみません」と返しました。

ところが、その放送直後「テレビで節電を呼びかけながらクーラーをつけっぱなしで寝たのか」といった苦情が視聴者からたくさん寄せられました。当時は東日本大震災の後で、節電が呼びかけられていたのです。

実を言うと、私の風邪はクーラーが原因ではありませんでした。テレビ局には多くの機械を冷やすための冷却装置があり、場所によって非常に寒く感じるのです。私の席もその寒い場所で、震災直後の長時間勤務が続く中、冷えにやられたのです。

そんなことを知るべくもない視聴者からの予期せぬ反応……。大きなショックでした。以来、自分の原稿やコメントが意図したように伝わるか、誤解を招かないか、神経を使うようになりましたし、今も「スッキリ」のコメントの際も気にしています。

自分の言動が他人の目にどう映るのか？　自分の意図通り相手に伝わるのか？　それらを客観的に見る視点、つまり「自分を客観報道すること」は面接でも重要です。ですから、第三者、できれば志望企業の人に志望動機や自己PRを聞いてもらい、自分の意図が伝わるか、あるいは何が不足かを判断してもらいましょう。その結果、考えも整理され、自分の新たな面も見えてくるはずです。

第3章

報道記者直伝！
自己ＰＲ作成のための五つのステップ

自己分析は「自分への取材活動」と考えよ

報道記者の通常の取材活動において、効果的な作業をするためには、大まかに分けると次の五つの重要な段階があります。

第一段階「先入観を捨てる」
第二段階「幅広い多くの情報を集める」
第三段階「重要なポイントを掴む」
第四段階「ストーリー化する」
第五段階「原稿化する」

例えば、殺人事件が起きたとします。一人暮らしの若い会社員の女性が、深夜、自宅アパートで何者かに刺し殺されました。部屋は荒らされており、預金通帳やハンドバッグがなくなっていました。一見、強盗目的の犯行に思われます。

しかし、この状況だけで犯人が強盗目的で侵入し、殺害に至ったという先入観を持つことは危険です。部屋を荒らし、金目のものを盗んだのは偽装工作かもしれな

自分取材のプロセス
先入観を捨てる
幅広い多くの情報を集める
重要なポイントを掴む
ストーリー化する
原稿化する

いからです。

事件の性質を報道するためには、もっと多くの情報が必要となります。そのために記者は、近所の人たちに聞き込みをします。「不審な人物を見なかったか」「被害者を最後に見たのはいつか」「最近被害者に変わった様子はなかったか」など事件に関わりそうなことをいろいろな角度から尋ねます。

近所の人だけではなく、勤務先の会社や友人、関係者など、少しでも事情を知っていそうな人に話を聞きます。それらと並行して、警察の捜査の様子も探る必要があります。

こうして得た多くの情報の中から、必要なものを取捨選択し、事件のポイントとなる部分をピックアップしていきます。

この第二段階の情報収集と第三段階のポイントのピックアップは、繰り返し行なう必要があります。一つの情報から導き出されたポイントが次の情報を生むことが少なくないからです。

こうした情報収集とピックアップを積み上げていった結果、

- 被害者は最近、交際していた勤務先の同僚との別れ話がもつれ、悩んでいた
- 犯行時間帯前に被害者の部屋から男女の言い争う声が聞こえていた

・事件後、被害者の交際相手だった男性が会社を欠勤している
・警察がこの男性の行方を捜している

といった情報が浮かんできたとします。

ここで初めて、事件が「別れ話のもつれから起きた、強盗に見せかけた交際相手による殺人の可能性」というストーリーが組み立てられ、報道する準備ができたことになるわけです。

そして、放送したり紙面にしたりするには、さらに、視聴者や読者にわかりやすく、読みやすくするなどの工夫をして、原稿にするのです。オンエアの時間や紙面のスペースには限りがありますから、その制限の範囲で最も興味深く見てもらえるような原稿にしなければなりません。しかし、その際、あくまで事実を事実として伝えることを忘れてはなりません。表現の工夫は、事実の歪曲《わいきょく》や肥大化、捏造《ねつぞう》であってはならないのです。

いわゆる**自己分析も「自分への取材活動」と考え、こうした取材と同様に考えればよい**のです。

それでは、自分取材を各段階に沿って考えてみましょう。再三、本書で述べてきたように、面接の根幹はオンラインであれ、対面式であれ、「自己ＰＲ」と「志望動機」

ですが、まずは「自己ＰＲ」を想定した自分取材に挑戦していきましょう。

自分への先入観を捨てて情報収集

皆さんは二十年あまりも生きてきたのですから、「自分はこういう人間だ」という思い込みをなんとなく持っていると思います。そういう固定観念を捨てることから始めなければなりません。イメージとして、**自分で一度、自分に対する評価をリセットしてみてください。**

「僕は面白味のない人間だから、面接で胸を張って話せるようなエピソードを持っているはずがない」なんて思っていても、自分取材を進めていくうちに、結構、面白い経験が思い浮かんでくるものです。

取材を始める前に、自分で自分に対して枠を作ることは、その枠が小さくても、大きくても邪魔なだけです。取材を始める前と後とでは、驚くほど自分に対する見方が変わってくるかもしれません。報道取材だって、そういう場合は多々あるのですから。

自分自身への先入観を捨てたところで、次は第二段階である情報収集です。大学生活だけでなく、家族との関係、過去の自分に対する情報をかき集めると共に、第三者の意見を聞くなど、多方面からの収集が必要です。

特に、面接は初対面の面接官と短時間で行なうものですから、少なからず第一印象というものが影響してきます。第一印象と面接時の話の内容があまりにも違う場合、会話が空々しく聞こえてしまうこともあります。

例えば、顔色の青白い伏目がちな人が「私は、いつも明るく、好奇心旺盛《おうせい》です」と言ったところで信じてもらえません。しかし、残念ながら自分では自分の第一印象というものはよくわかりませんから、周囲の人に尋ねる必要があります。**第三者の意見は意外で耳の痛い回答もあるかもしれませんが、忌憚《きたん》のない意見をどんどん求め、キチンと受け止めましょう。**

見た目の印象と話の内容とが一致しないのは、必ずしも悪いことではありません。話を聞いているうちに、最初の印象と異なる魅力を感じるのはよくあることです。見た目と話の中身とのギャップは一つのテクニックとして有効な場合はありますが、それにはいずれにせよ、自分が人からどのように見られるのかを把握した上でなければ無理です。

先ほどの例で言えば、顔色の青白い伏目がちな人が、

「私は、非常に好奇心旺盛で明るい性格なのですが、第一印象ではそのように見えないらしく、いつも『印象とずいぶん違うんだね』と驚かれています」

という内容であれば、聞き手も、

「へぇ、確かに暗そうに見えるけど、実は違う面を持っているのかな」

と受け止めてくれるでしょう。

自分の情報を文章化することが大事

さて、それでは早速、あなた自身で自分に関する情報を集めてみましょう。ここで、前提として気をつけなければならないことは、あくまでも**この情報収集は、「就職試験の面接に臨むためのものなのだ」という意識を忘れないこと**です。最終的には「能力」を表すエピソードを見つけ出すのですから、「やり遂げたことの実績」を集めてください。例えば、「人から評価された」「よい結果を生んだ」(お金が儲かったなど)というようなことです。

当然ですが、「これまで自分が一番力を入れたのは、好きな女の子へのストーカー行為」といった内容ではどうしようもありません。記者が行なう事件取材でも、被疑者の周辺を深く広く情報収集しなければならないとはいえ、それは事件と結びつくのかどうかを意識しながら行なわなければ、無駄な時間と労力を使ってしまうだけです。

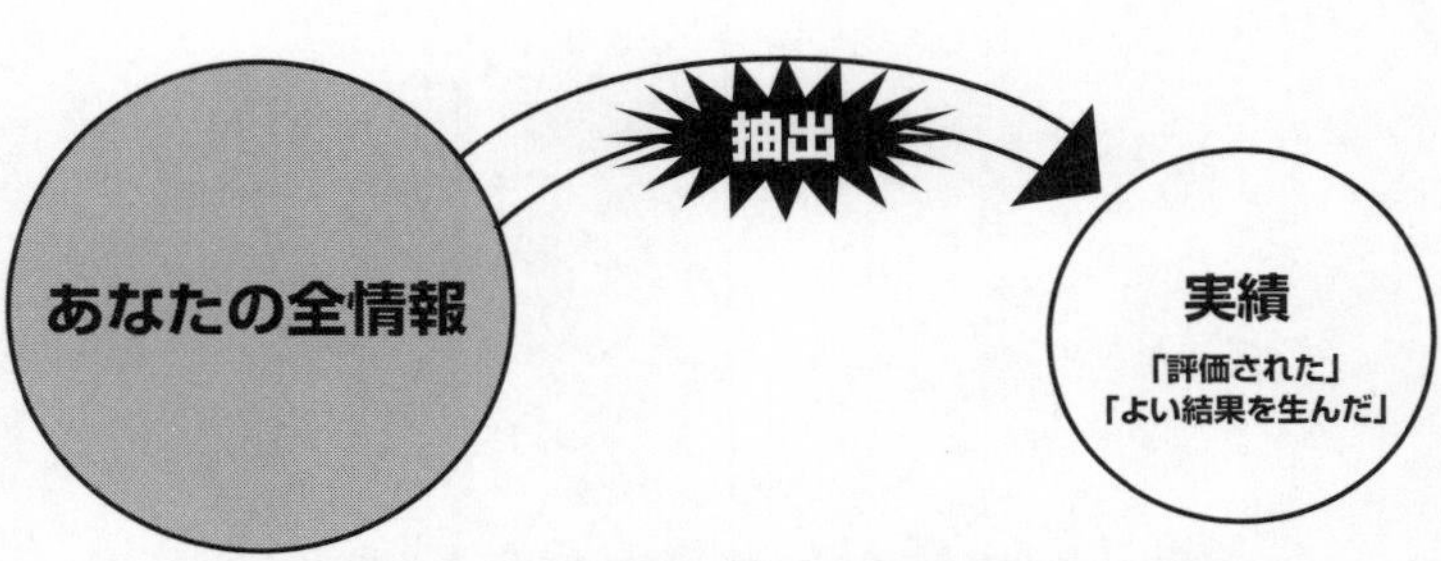

情報収集は実績を見つけるために行なう

突然、自分取材をしろと言われても慣れていないでしょうから、少しでも情報収集しやすいように、自分取材の項目を79ページから84ページに挙げておきます。ここに挙げたものは、「自己ＰＲ」のネタにだけでなく、それ以外の面接の場で交《か》わされる会話にも役に立つはずです。

面接の場では誰しも、緊張せずにはいられないものです。その場で、いきなり考えてもみなかったことを尋ねられても、なかなか本当の思いを伝えることは難しいでしょう。しかし、面接の場で尋ねられることというのは、たいていの場合、あなた自身のことのはずです。ですから、**あらかじめ自分自身を掘り下げていれば、どんなことを聞かれても恐くない**でしょう。

面接に落ち着いて臨む心の余裕を持つためにも、じっくり自分を掘り下げるべく、考えてみてください。そして、**頭の中で考えるだけでなく、きちんとした文章で書きとめてください**。面接官に質問されているようなイメージで。書くことで、頭の中が整理されますし、この後の「重要なポイントを摑む」際などにも、書いたものを見渡し、見比べることが大切になってきますから。

また、ここに挙げたものだけでなく、自分で気付いたことがあったら、積極的に取材の幅を広げていきましょう。

●自分取材のための手がかり●

＊以下の項目に答える際には、「人から評価された」「よい結果を生んだ」という視点で「何かをやり遂げた実績」を抽出するように心がけてください。

自分の性格

・あなたの長所は何ですか？　それを物語るエピソードはどんなものですか？

・あなたの短所は何ですか？　それを物語るエピソードはどんなものですか？

・人に自慢できる得意なものは何ですか？

・苦手なことは何ですか？

・生活の上で重視していることは何ですか？

・今一番関心のあることは何ですか？　それはなぜですか？

・尊敬する人は誰ですか？　それはなぜですか？

・これまでに最も（最近）熱中したことは何ですか？　それはなぜですか？

・これまでに最も（最近）頑張ったと思うことは何ですか？

・これまでに最も（最近）うれしかったことは何ですか？

●自分取材のための手がかり●

・これまでに最も（最近）感動したことは何ですか？

・これまでに最も（最近）悲しかったことは何ですか？

・これまでに最も（最近）悔しかったことは何ですか？　また、あなたはその経験をどう生かしてきましたか？

・これまでに最も（最近）辛かったことは何ですか？　また、あなたはその経験をどう生かしてきましたか？

・これまでに最も（最近）許せないと思ったことは何ですか？

子供の頃の自分

・中学校の頃はどんな子供でしたか？　それを物語るエピソードは何ですか？

・高校の頃はどんな子供でしたか？　それを物語るエピソードは何ですか？

・子供の頃の夢は何でしたか？

●自分取材のための手がかり●

大学生活

・なぜあなたは、今通っている大学･学部･学科を選んだのですか？

・大学１年生の頃はどんな生活をしていましたか？

・大学２年生の頃はどんな生活をしていましたか？

・大学３年生の頃はどんな生活をしていましたか？

・好きな、あるいは得意な科目は何ですか？　それはなぜですか？

・嫌いな、あるいは苦手な科目は何ですか？　それはなぜですか？

・ゼミではどのようなことを学んでいますか？　なぜ、そのゼミを選んだのですか？

・ゼミに入っていない人は、なぜ入っていないのですか？

・大学の授業やゼミ以外で自ら勉強していますか？　それは何のためですか？

・サークル活動は何をしていますか？　なぜ、そのサークルを選んだのですか？

・サークル活動を通じてどのようなことを学んでいますか？

●自分取材のための手がかり●

・サークルに入っていない人は、なぜ入っていないのですか？

他人が見た自分

・他人から見た第一印象はどんなでしょう？　親しい人に聞いてみましょう。

・長所は？　短所は？

アルバイト

・アルバイトは何をしていますか？

・過去にはどのようなバイトをしましたか？

・なぜ、そのバイトを選んだのですか？

・バイトを通してどのようなことを学んでいますか？

趣味

・あなたの趣味は何ですか？　なぜ、それが好きなのですか？

・習い事は何かしていますか？　それはどのように役立っていますか？

・どんなスポーツが（見るのも含めて）好きですか？　それはなぜですか？

●自分取材のための手がかり●

・思い出深い海外旅行の経験はどんなものですか？

・思い出深い国内旅行の経験はどんなものですか？

人間関係

・影響を受けた人は誰ですか？　どんな影響を受けましたか？

・大学の先生とはどのような関係ですか？

・先輩や後輩とはどのような関係ですか？

職業観

・どんな職業・職種・会社に就きたいですか？　それはなぜですか？

・就きたい職業のために努力していることはありますか？

・絶対に就きたくない職業は何ですか？　それはなぜですか？

・働く目的は何ですか？

未来の自分

・10年後はどのような人になっていたいですか？

・30年後はどのような人になっていたいですか？

●自分取材のための手がかり●

社会的関心事

・最近起きた事件や事故、国内外の情勢といったニュースの中で、あなたが関心があることは何ですか？　３つ挙げてみましょう。

・なぜその３つに関心があるのですか？

・自分が当事者だったらどうしますか？　あるいは、解決策を挙げてみましょう。

・世間で今、最も話題となっているニュースは何だと思いますか？

・あなたはその事象についてどのような意見を持っていますか？

・これまであなたにとって最も印象深い、あるいは最も影響を受けた事件や事故、国内外の情勢などは何ですか？

・なぜそれが印象深いのですか？　あるいはどのような影響を受けたのですか？

しっかり考えて自分に関する情報を取捨選択せよ

自分に関する情報を集めたところで、その中から、面接に必要な要素をピックアップしていきます。ここからが本番です。

面接に臨む学生さんたちは口々に「自己分析しなくちゃ」と言います。しかし、多くの場合、彼らがやっているのは第二段階の「情報収集」まであり、単なる情報の羅列に過ぎないのです。

例えば、

「私が学生時代最も力を入れたのは、塾の講師のアルバイト。小学校一年生から高校三年生までの生徒に、国語と社会や歴史を四年間教えていた。趣味は、子供の頃から習っているクラシックバレエ」

で止まっているのです。

「自己分析」と言うからには、その工程において「考える」という作業がなければなりません。「自分が本当にやりたい職業は何だろうか」であったり、「自分とはどういう人間なんだろうか」であったり、「よく言われる面接のタブーって本当にやってはいけないのだろうか」『面接官が今求めているのはどんなことなのだろうか」などなど、様々な場面で「考える」ということです。

「自分に関する情報はたくさん集まった。では、この中で面接の際に必要な要素は何だろう」

と、この場ではそれを真剣に考えてください。とりわけ**最も意識すべきポイントは、「自分の強みはどんなことだろう」ということ**です。これまでに述べてきた面接で求められる「能力」など、面接に必要な要素に見合うものを自分のエピソードから選《え》り抜かなければ意味はないからです。

例えば、「コミュニケーション力」はオンラインであれ、対面式であれ、そこでのやりとりが決め手となりますので、「問題解決力」と「行動力」の二つの能力に当てはまりそうないくつかの要素をピックアップできないか考えます。それらの要素同士を組み合わせたり、調整したりしていくことも大切ですし、第二段階に戻ってさらに情報収集をすることもあるでしょう。仮説を立てていくことも必要です。その際、「バランス感覚」「積極性」などといったキーワードと結びつけることも「ビジネスマンに必要な能力」を自分で整理するために有効な手段でしょう。

先ほど挙げた例だと、

「塾の講師で小学一年生から高校三年生まで教えるってことは、教え方をそれぞれの年齢や個性に合わせてアレンジしないとできないし、粘り強さや判断力、柔軟性が要求される。クラシックバレエも塾の講師も何年も続いているってことは忍耐力や努力家の面をアピールできる。これらを『問題解決力』のエピソードに応用できないだろうか」

と考えていくわけです。

第二段階では単なる情報に過ぎなかった事実に、プレゼンテーションへの広がりが見えてきました。つまり、第三段階は第二段階で集めた情報の中から、「問題解決力」や「行動力」にといった能力がアピールできるエピソードを具体的に抽出《ちゅうしゅつ》していく段階と言えるのです。

演出によって平凡なエピソードを具体的かつ魅力的に

しかし、自分の「強み」や「能力」を自分で見つけることはそう容易ではないようです。私も、OG訪問を受けたり、学生に会ったりするたびに、「ピント外れな部分をアピールするなぁ」と感じることが多々あります。

中でも、いまだに海外旅行に行った時の話をする人が多いのが不思議です。四十年前でもあるまいし、今どきスーダンや中国、ましてやアメリカに行ったときの話をされても、なかなかそれだけで特異性は見出せません。「インディアンの人々の生活に溶け込み、ホーリーネームをもらうほどになった」というのなら話は別ですが。よくよく話を聞いていると、別の部分にきちんとしたアピールポイントを持っているのに、気付かないのです。

なぜ、そうなってしまうのか。

それは、まず第一には自分取材が足りないからでしょう。

そして、第二には、基準となるバロメーターを持っていないからでしょう。

この、バロメーターは難しいです、はっきり言って。何をもって強みとするか、ケースバイケースですが、ここでは「誰が聞いてもすごい（能力を象徴する）、得難《えがた》い経験」と「いかに困難かを具体的に、かつ魅力的に語ることによって二つの能力が浮かび上がる経験」の二つを示しておきます。

まず、「エピソードが得難い」というのは、つまり、「どれだけ珍しく、どれだけ大変な経験だったか」ということに尽きます。「サークルを上場させた」と言えば、誰が聞いても一瞬で「すごい能力だ」とわかるでしょう。

しかしおそらく、「私にはそんな特筆すべき経験がない」と思っている人は、少なくないはずです。そういう人はどうしたらいいのでしょうか。ここからは、プロデューサーとしての演出力を問われるのです。それがバロメーターの二つ目、「いかに困難かを具体的に、かつ魅力的に語る」ことによって、普通のエピソードが「二つの能力

「能力」を象徴するエピソードとは?

●誰が聞いてもすごい、得難い

or

●困難を乗り越えたプロセスが具体的

が浮かび上がる経験になる」ということです。
例えば、「サークル活動に力を入れている」であれば、その会社を受けにきている学生の多くが当てはまるでしょう。しかし、「サークルを作って、代表をしている」と具体的にすると、ずっと少なくなるはずです。ましてや、「十人だったサークルの人数を百人に増やしました」なんて言う人はそう多くはいません。

つまり、二人に一人が持っている経験ではインパクトがないわけで、イメージとしては、その会社を受けにきている人数の中で何人もいない、せいぜいもう一人か二人くらい、大雑把《おおざっぱ》に言うと、**少なくとも百人に一人くらいの学生しか経験していないところまで具体的に、魅力的にすることが一つの基準**と言えるかもしれません。

例えば、85ページで挙げた塾の講師のアルバイトの例ですが、別に珍しい経験ではありません。しかし、これを「問題解決力」に結びつけることは可能なわけです。後は、いかに魅力的な響きに奏《かな》でられるか、です。

「私は塾の講師を四年間続けてきたのですが、生徒は小学一年生から高校三年生までと幅広く、学力もバラバラなので苦労しました。でも、それぞれの個性に合った授業を常に心がけることで、段取りのつけ方や判断力、柔軟性や粘り強さを養うことができましたし、生徒からの信頼を勝ち取ることができました。例えば、○○○○○のような授業をしました。結果、生徒たちの成績も上がりましたし、生徒数も

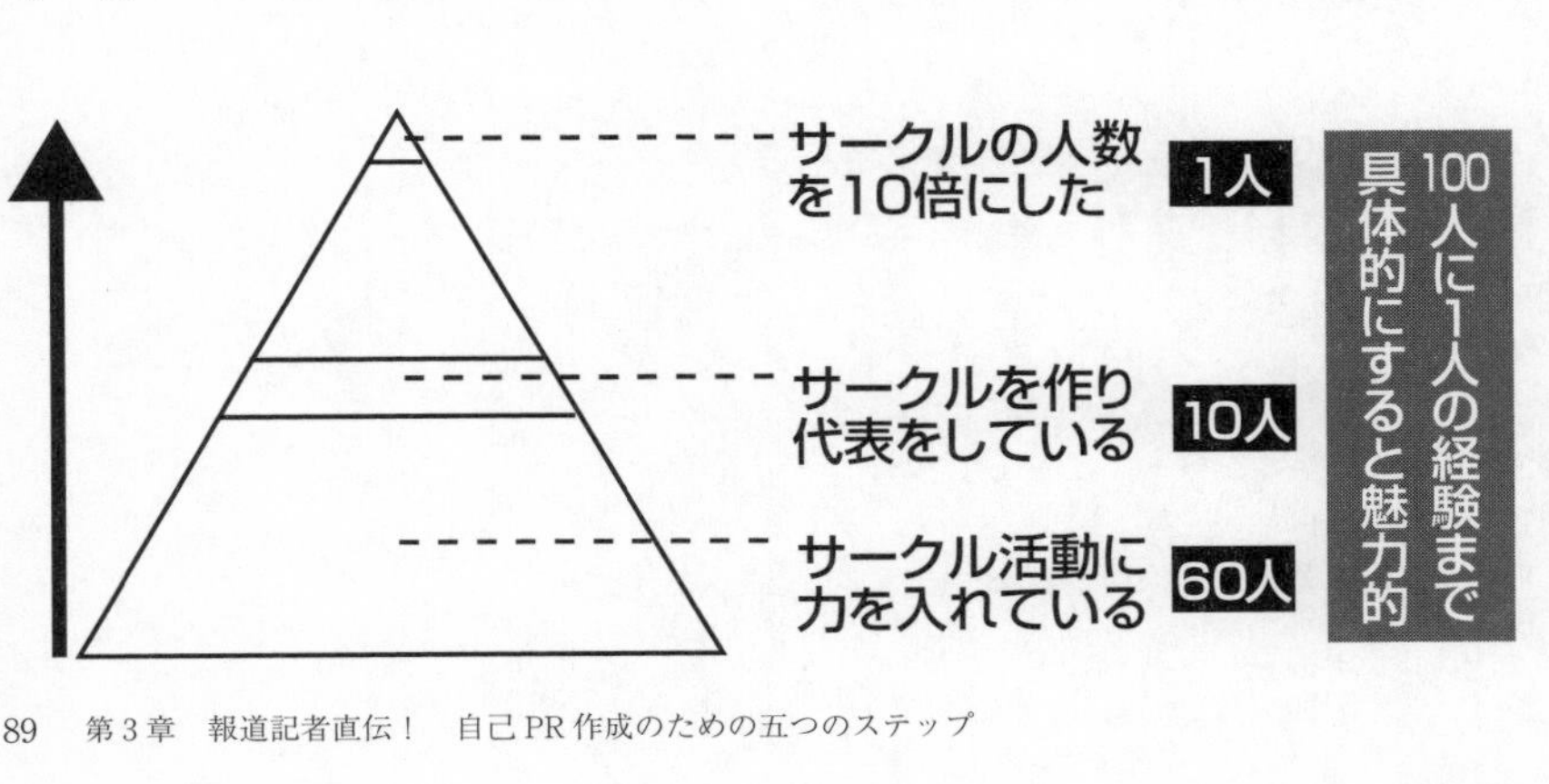
100人に1人の経験まで具体的にすると魅力的
1人
サークルの人数を10倍にした
10人
サークルを作り代表をしている
60人
サークル活動に力を入れている

若干ながら増えました」

こんな具合に、「いかに困難か」を具体的に展開していくと、単なる塾の講師のアルバイトも見違えてきませんか。

全くの捏造はいけませんが、事実を基に多少の脚色を加えることも大事なことです。テレビのニュースでも、どうしても伝えなければならないネタであるにもかかわらず、情報がない場合、映像やＣＧをはじめ、あらゆる演出を工夫してベストなオンエアに仕上げる努力をするものです。

あとはもう、自負ですね。

「同じことをしていても自分は誰よりも詳しく知っている」

「少なくとも○○の世界で五本の指に入る」

という思い込みを持ち、それを相手に説明できるかどうか、自問自答してみてください。

蛇足ながら釘を刺しておきますが、決して珍しければいいというわけではありません。「すごい経験をしたね、でも、だから何なの？　ウチの会社とその経験とどう関係あるわけ？」となってしまっては元も子もないのです。

何度も言うように、あくまでも「御社に貢献できる」という、自分をアピールするために役立つエピソードであることが大切なのです。

皆さんも諦めずに自分の名《めい》プロデューサーになってください。演出で光る要素は必ず皆さんも持っています。そのためにも、念入りな情報収集が必要となってくるのです。

次のページに、「いかに困難かを具体的に、かつ魅力的に語ることによって二つの能力を浮かび上がらせる」ためのワークシートを用意してあります。あなたが「自分取材のための手がかり」の項目で答えたものを、当てはめて考えてみてください。

筆者が就職活動で使った自己PRの題材とは

参考のため、恥ずかしながら筆者の例を少しだけ紹介します。

就職活動時の筆者にとって、「最近最も辛かったこと」は、母の交通事故でした。就職活動が始まった初日に、母がトラックにはねられて入院してしまったのです。幸い、命に別状はありませんでしたが、足の手術をし、二カ月近くは入院しなければなりませんでした。

しかも、奇《く》しくもこの日は椎間板《ついかんばん》ヘルニアで入院していた父が退院した日で、父自身もしばらくは家で安静にしなければなりませんでした。一人っ子なので、両親の面倒を見るのは筆者しかいません。

●エピソードの中に「能力」を見つける●

「自分取材のための手がかり」で答えた実績を書き込んでください

↓

それにはどんな困難がありましたか？

↓

困難を克服するためにどのような行動をとりましたか？

＊困難の根本的原因は何か？

＊原因を取り除くどんな方法を思いついたか？

＊その方法を実行する段取りはどうつけたか？（時間や人や物やお金…）

↑ ↑ ↑ ↑

問題分析力　解決方法策定力　手順化力　行動力

しかし、これまで家事は全て母に頼りっぱなしだっただけに、慣れない家事全般、両親の世話……目の前が真っ暗になり、「とても就職活動どころではないな」とすっかり弱気になってしまいました。

両親は両親で、娘の大切な時期に迷惑をかけてしまっていることを申し訳なく思っているのがありありとわかります。一週間くらいは失望感に促《うなが》される形で、ほとんどやけになって、目の前に積み重なる問題に流されるだけの生活をしていました。

しかし、だんだん生来《せいらい》の負けず嫌いというか、諦めの悪さが顔を覗《のぞ》かせてきました。「こんなことで自堕落《じだらく》になって就職活動をいい加減にしたら一生後悔する。絶対受かってやる」と、そんな闘争心がふつふつと湧いてきたと同時に、妙に冷静になりました。

「実は逆境に強いのかもしれない」

これまで、一人っ子ということで甘やかされて育った感が否めなかった筆者自身の、意外な一面を自分で感じ取った瞬間でした。家事も両親の世話も就職活動も一所懸命打ち込みました。

そして、「これは使える！」と思ったのです。その時の私の状況は、逆境への強さや、自立心、前向きな精神を示すのに格好のエピソードになり得たからです。さらに、家事、両親の世話、就職活動を全てこなすには、無駄な時間を作るわけにはいかず、段取りの仕方、手順化力も養うことができました。

つまり、「問題解決力」や「行動力」に結びつけることができたわけです。しかも、作り話ではなく、正直な話なのですから説得力がありました（面接では多少、大袈裟《おおげさ》に言ったかもしれませんが、それもご愛嬌《あいきょう》！　先ほどから述べているように、詐欺《さぎ》にならない程度の化粧は必要です）。

このように、自分自身を広く知り、深く考えることで、自分がそれまで気付かなかった自分自身の強みが見えてきます。単に、あんなことがあった、こんなことがあったという回顧《かいこ》ではなく、**キーワードを手助けに、様々なエピソードを「能力」と「フィッティング」に結びつけ、自分自身のストーリー作りへとつなげていくこと**が重要なのです。

エピソードを盛り込み過ぎると逆効果

いよいよ、前段階までに集めた要素をストーリー化します。「能力」や「フィッティング」に結びつきそうなエピソードが、それぞれいくつか見つかったと思います。それらをプレゼンテーションにふさわしい話の流れとなるようにしていく段階です。

ここも例で示さないとなかなか説明しづらいので、再び筆者の例を基に説明していこうと思います。

前述の通り、筆者は「母の交通事故」という経験で自分が気付かなかった逆境への強さや手順化力に着目し、これらを「ビジネスマンに必要な能力」に結びつけることができました。これを軸に自己PRのストーリーを作っていこうと思います。もちろん、この他にもこの軸につながる要素はあるはずなので、それらもできる限り結びつけていきます。

ただし、この際に注意しなければならないのは、欲張らないことです。**ネタを詰め込み過ぎると、話の趣旨がわかりにくくなってしまいます。**「過ぎたるは及ばざるが如し」です。あくまでも、軸の部分を立派に見せるためのものでなければなりません。

筆者は、「他人からの第一印象」だった「一人っ子ゆえにわがままそう」という情報と「ゼミの幹事を通して培《つちか》った社交性やリーダーシップ」といった要素をこの軸に足してストーリーにしていこうと思います。

「一人っ子」というのは軸である「母の交通事故」の話にもリンクしてきますし、エントリーシートを見た面接官に「一人っ子ってわがままなんじゃないの?」と思われる前に先制パンチを与えてしまおうと思ったからです。また、「ゼミの幹事」の話は、軸の部分に説得力を強めるフォローになるからです。

そしてもちろん話の中心は、母の事故のエピソードを通しての「問題解決力」「行動力」のアピールです。

私は一人っ子で、わがままそうに見える。

↓

しかし、ゼミの幹事をするなど、人に頼られる面も。

↓

そうした能力は母が交通事故に遭ったときに実感。最初は落ち込むばかりだったが、家事から就職活動まで全てこなせるようになり、自分が逆境に強いこと、段取りが得意なことを知った。

↓

これから社会人として生きていく上でも、取材活動をしていく上でも非常に役に立つだろう。

筆者の自己ＰＲにおいてこのような流れができました。面接で話す場合（特に後述のように一分くらいの自己ＰＲの場合）、要素としては今回のように四つか五つくらいが限界でしょう。あれもこれも入れればいいというわけではありません。それぞ

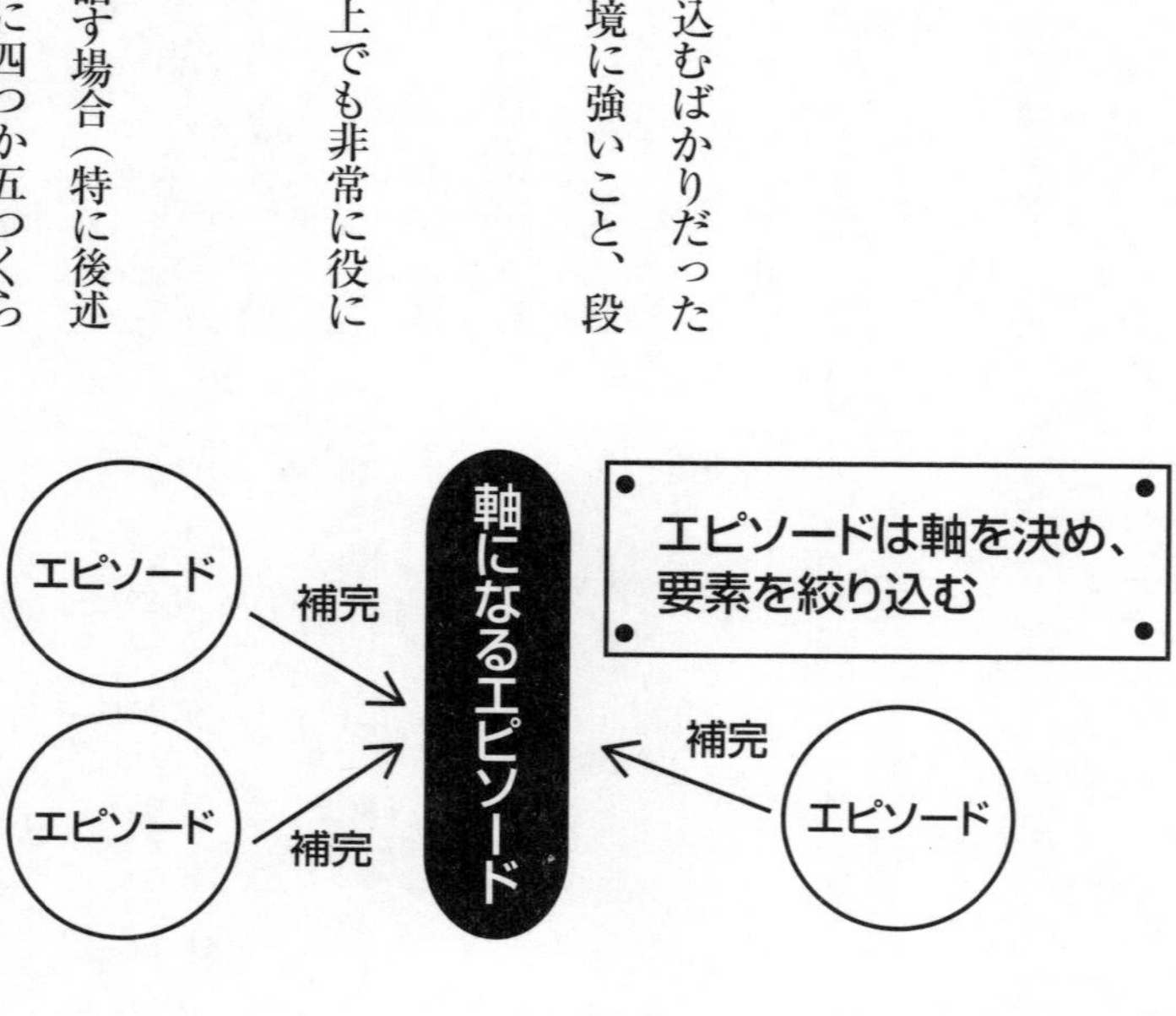

れのエピソードのインパクトが薄まります。あくまでも「問題解決力」と「行動力」を華麗《かれい》に彩るストーリー展開を意識し、それをさらに化粧することで最終的な「原稿」にしていくのです。

自分の情報を原稿化するための四つのポイント

さて、話の流れができたところで、ついに最終段階です。第四段階で作ったストーリーをスマートに原稿化していきます。ストーリーはあくまでもストーリー。テレビのガイドブックに書かれたあらすじを読み続ければ、ドラマのストーリーはなんとなくわかりますが、それでもドラマを見てしまいます。ここでの「原稿」はあらすじではなく、ドラマです。視聴者である面接官に興味を持ってもらえるよう、工夫を凝《こ》らすことが大切なのです。

では、原稿化の作業手順について書いてまいりましょう。原稿を書くには、少なくとも次の四つの点に留意する必要があります。

①テーマ

②構成

③長短
④適切な語句

まず、①の「テーマ」とは、おわかりのように「何を一番伝えたいか」です。骨子にあたる部分であり、「テーマ」を適切に表現することが、まさに原稿を書く目的です。

次に、②の「構成」は「わかりやすさ」と言ってもいいでしょう。①の「テーマ」を相手に少しでもわかりやすく伝えるためにはどう書いていけばよいか、どのような話の流れにするのかは、原稿の質を左右する大きな要因です。

③の「長短」は字の通りですが、それぞれのテーマやTPOによって適切な長さというものがあります。せっかくのテーマも構成も、長さによっては台無しになります。

ここで、一つ注意しておきたいことは、**面接においてオンラインであれ、対面式であれ、冗長な演説は嫌われる**ということです。言葉足らずもいただけませんが、面接官はあなた一人を面接しているわけではないので、だらだらと長く喋られたら、まず間違いなく気分を害するでしょう。

それだけで、状況判断能力や論理思考力のない人間に思われてしまいます。この時点で、ビジネスマンに必要な「コミュニケーション力」「問題分析力」が欠如しているというレッテルを貼られてしまいます。

原稿化のポイント

- 何を1番伝えたいか（テーマ）
- わかりやすいか（構成）
- 要求される尺におさまるか（長短）
- 社会人としての言葉遣いか（適切な語句）

ましてや、「一分で話してください」と言われたにもかかわらず三分も話したとしたら、それだけでアウトです。特に、テレビ局や新聞社の場合、一分一秒、あるいは一行一文字の勝負をしているわけです。十分の番組で、「どうしても編集しきれなかったから十一分になっちゃいました」は通用しません。容赦《ようしゃ》なくCMに行ってしまいます。

ですから、**自己PRや志望動機は長さにバリエーションを持たせたほうがよいで**しょう。これはどんな業界を受験する方にも共通してお勧めすることです。そして、**実際に声に出して時間の感覚を体得しておくべき**です。一分は意外と短いものですし、五分は長いです。大体一分から一分半くらいが聞き手にとってはちょうどいい時間のようです。

まずは主流の一分バージョンを準備し、要点だけをまとめた三十秒と肉付けした二分バージョン、それから質問に対応するための詳しい情報を盛り込んだ五分。この四バージョンを作ってみましょう。

ちなみに、一分間で読む原稿は何文字くらいだと思いますか。もちろん、人によって違いはありますが、大体、三百から三百三十文字程度と思ってください。

④の「適切な語句」というのもおわかりですね。せっかくのテーマも構成も、語句が不適切だったり、稚拙《ちせつ》だったりしたら説得力はありません。トンチンカンな修飾

語や不慣れで不自然な敬語もＮＧです。

人それぞれ、言い回しや話し方には違いがあり、個性を生かした語句や話し方を活用するのは大賛成ですが、あくまでも常識を弁《わきま》えた上で自分らしさを出すのが社会人です。基本は押さえておきましょう。

また、「適切な語句」には、「キャッチ」となるような言葉やセンテンスも含まれます。これは必須というわけではありませんが、テーマや構成を盛り上げるにふさわしいものがあれば鬼に金棒です。

ニュース原稿を参考にして、自己ＰＲの内容や構成を考えよう

では、イメージを作りやすくするために、ここでテレビのニュースで使用される原稿を取り上げてみたいと思います（事件は架空《かくう》のものです）。

ニュース原稿　一分バージョン

昨夜、
東京・墨田区の交差点で
女性が突然、

自転車に乗った若い男に
棒のような物で殴られる
事件がありました。
女性は、鼻の骨を折るなど
重傷です。

事件があったのは
墨田区太平1丁目の交差点です。
警視庁によりますと
きのう午後9時半頃、
近くに住む
22歳の会社員の女性が
信号待ちをしていたところ、
赤信号を無視して
自転車で道路を横断してきた男に
棒のような物で殴り付けられ、
鼻の骨を折るなど重傷を負いました。

男はそのまま逃走していて、
警視庁が行方を追っています。
男は年齢20歳くらい、
青いジャージの上下姿に
黒いキャップ帽姿だったということです。
墨田区や江戸川区などでは、
先月から
自転車に乗った若い男に
女性が石や棒で殴られる事件が
40件以上起きていて、
警視庁で警戒を強めています。

ニュース番組でよく流されるスタンダードな形の原稿です。前半の八行が「リード」と呼ばれ、スタジオのアナウンサーが顔出しで伝える、そのニュースを凝縮《ぎょうしゅく》した部分です。リードだけでもニュースの要点がわかるように書かれています。前述した「キャッチ」にあたる部分と言ってもいいでしょう。新聞では、見出しの後に少し小さめの字で書かれた部分がこれに相当します。

リードの後が、ニュース番組ではたいてい、例えば事件があった現場や逮捕された容疑者の顔、記者会見といったVTRとともに伝えられる、「本記」部分です。事件の詳細をなるべく視聴者にわかりやすいように説明します。リードだけでは伝えきれない事象の機微《きび》を織り込んでいきます。

例に挙げた原稿は約一分で伝えられるように書かれた原稿です。一分原稿の場合、大体、リード部分が十秒から十五秒、本記部分が四十五秒から五十秒くらいで読めるようなバランスで書かれます。一分原稿がニュースの最もスタンダードな長さと言えます。どんな事柄もたいてい一分もあれば、ニュースとして伝えられるものです。

これに対し、俗に「フラッシュニュース」と言われる、スタジオでのリード部分はほんのひと言で、VTR直結で矢継《やつ》ぎ早《ばや》にいくつものニュースを伝えていくスタイルは、三十秒原稿が基本となります。

例えば、先ほど例に挙げた自転車通り魔男のニュースを昼のニュースでは一分で伝えたけれど、夕方になって他のニュースもたくさん入ってきたのでフラッシュニュースにしたい場合、三十秒に縮《ちぢ》めなければなりません。しかし、だからと言って内容が伝わらなければ意味がありません。短い時間の中に重要な部分を漏れなく、ダブりなく盛り込むことが求められるのです。それでは試しに、先ほどの一分原稿を三十秒にしてみます。

ニュース原稿　三十秒バージョン

また、女性が自転車に乗った男に襲われました。
警視庁によりますと、
昨夜9時半頃、
東京・墨田区の交差点で
信号待ちをしていた22歳の女性が
自転車に乗った男に
棒のような物で殴られ、
鼻の骨を折るなど重傷を負いました。
男は20歳くらい、
青いジャージの上下に
黒いキャップ帽姿だったということで、
警視庁が行方を追っています。
周辺では
自転車に乗った若い男による
同様の事件が

先月から
40件以上起きています。

三十秒のフラッシュニュースの場合、リードはありませんが、やはり最初のセンテンスでこのニュースの一番の要諦《ようたい》になる部分を伝える必要があります。この場合は、

「連日のように都内で起きている、自転車男による女性を狙った事件が昨夜も起きた」

ということが核になる「テーマ」ですから、一分原稿のリード同様、まずそれが来るわけです。

ただ、もっと端的に事件の性質を伝えるために、「また、女性が自転車に乗った男に襲われました」というキャッチを頭につけてあります。

そして、年齢や服装など犯人の男の特徴を述べ、しかも同様の通り魔事件が四十件以上も起きている、ということも一分原稿の中で重要な要素だったので、三十秒原稿でもこれを見逃すわけにはいきません。あとは、語句を簡単にしたり、つなぎを工夫したりして、うまく三十秒の中に盛り込むのです。

ニュースのスタイルは原則として、これまで挙げた一分と三十秒、そして三分や

五分、時には十分といった長編VTRの三つに大別できます。

三分以上の長編の場合、スタジオのキャスターが生で伝える、所謂《いわゆる》ストレートニュースではなく、たいてい、「パッケージもの」と呼ばれるVTRの形でオンエアされます。インタビューやBGMなど、原稿だけでなく様々な技巧を凝らし、事象をわかりやすく伝えます。

ただし、三十秒にしても長編にしても、一分の原稿を基にして、短くしたり、肉付けしたりすればよいわけで、そういう意味でも一分原稿をいかに上手く作るかがキーポイントです。

何がその事象のキーポイントなのかを見つけ出し、上手く組み合わせて文章にしてから、耳当たりのよい形に整えて一分にする。これを基に、ポイントをずらさずに、削ったり増やしたりして再び形を整え、三十秒や三分にする。

慣れてしまうと、「大体これくらいで一分、三十秒」などと、感覚として身についてしまうほどオーソドックスな原稿の書き方です。また、先ほども書きましたが、一分から一分半というのは、一方的に聞いていて集中できる丁度よい長さのようですし、一分あれば、たいていのことは伝えられるものです。

こうしたニュース原稿を書く際の原則は、面接にも当てはまります。十分から長くても二十分という面接の時間を考えても、自己PRや志望動機をそれぞれ一分程度で想定すると最も融通《ゆうずう》が利くでしょう。

ですから、ニュース原稿同様、まず言いたいこと全てをまとめた一分や一分半のものを用意してから、骨子だけの三十秒、それから、装飾やエピソードを増やした二分、五分に応用していくことをお勧めします。

結論を凝縮した「リード」を冒頭に入れよう

ニュース原稿を参考にしたところで、早速、自己PRを原稿化していきましょう。

ニュース原稿と違って、自己PRには明確な形でリードというものは存在しませんが、何度も述べている通り、面接などのプレゼンテーションの場合、まず結論ありきの「ピラミッド・ストラクチャー型」のほうが安全です。

ニュースの「リード」にあたる結論部分を凝縮したものを、まず「キャッチ」として持ってきて面接官に方向を示し、話の中身を説明するのがいいでしょう。

ここで再び、これまでに示した筆者の例で考えてみます。まずは、第四段階までに作られたストーリーを振り返りましょう。

私は一人っ子で、わがままそうに見える。

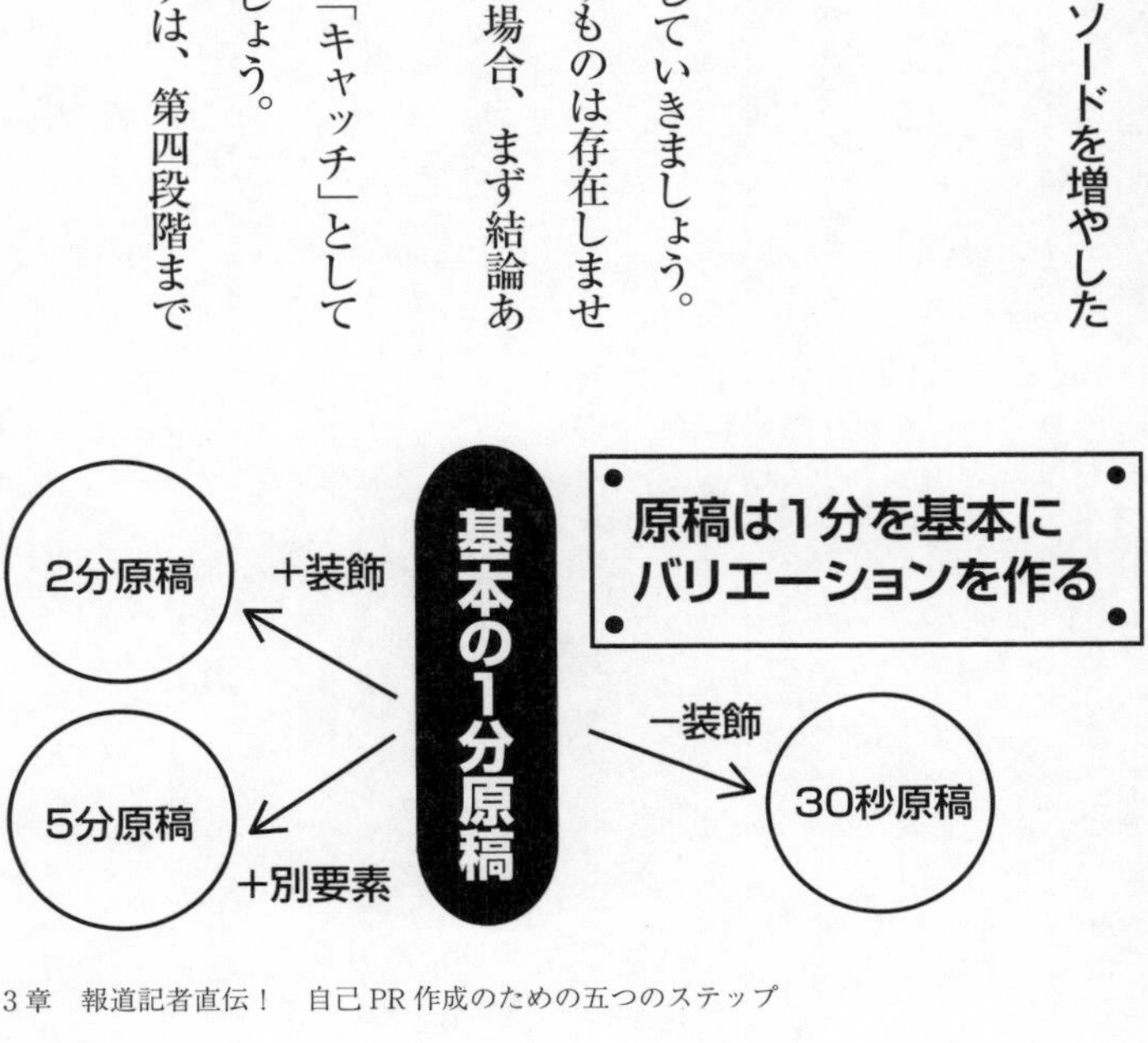

←
しかし、ゼミの幹事をするなど、人に頼られる面も。
←
そうした能力は母が交通事故に遭ったときに実感。最初は落ち込むばかりだったが、家事から就職活動まで全てこなせるようになり、自分が逆境に強いこと、段取りが得意なことを知った。
←
これから社会人として生きていく上でも、取材活動をしていく上でも非常に役に立つだろう。

では、このストーリーを原稿にしてみましょう。まずは、あまり時間を意識せずに、「ピラミッド〜型」とポイントだけを意識して書いてみます。**柔らか過ぎてはなりませんが、適度な話し言葉で書いたほうがプレゼンの際には自然**でしょう。

筆者の自己PR

私は一人っ子です。そのためか、甘やかされて育ったわがまま娘と思われがちなのですが、知り合うにつれてよく、「頼りがいがある」と言われます。

でも、そんな自分を自覚したのは、先月、母が入院した時でした。自転車に乗っていて、トラックにはねられ、手術をしなければならなくなったのです。奇しくもこの日は、父が退院して自宅療養となった日で、筆者は突然、病人二人を抱え、これまでやったこともない家事全般から両親の世話まで一人でやらなければならなくなりました。

「これは就職活動どころではない」と、はじめは目の前が真っ暗になりましたが、だんだんと、「絶対に乗り越えてやる」という負けん気が顔を出し、今では、料理洗濯や両親の看病をはじめ、母と同じ病棟のお年寄り達のお世話やボランティア活動などもてきぱきこなせるようになりました。

もちろん、自分の就職活動も前向きに取り組んでいます。そして、自分が逆境の中でこそ成長できる打たれ強さを持っていること、限られた時間の中で要領よく行動するのが得意なこと、それから、頼られたり世話をしたり、とにかく人と関わっていくのが好きだということを実感したのです。

↑方向性を示す導入部

↑結論

これまでゼミの幹事など、責任ある立場を任せてもらってきたのは、私のこうした性分《しょうぶん》ゆえだと今は自負していますし、これから社会人としても、そして取材者としてもきっと役立つだろうと思っています。

完全な「ピラミッド～型」というよりは「変形」と言えるかもしれませんが、頭で「頼りがいがある人間」というアピールをして方向性を示した後、それを説明し、最後にガツンと自己主張をしてまとめてみました。

とりあえず、「逆境の中で様々な活動をこなす行動力」と「限られた時間の中で段取りよく行動できる問題解決力」の二つの能力はアピールしたつもりです。

しかし、私のペースでこれを全部話すとなると、一分四十秒近くかかってしまいます。一分半に短縮するのは、ひと言ふた言、語句を短縮したり、省略したりすれば何とかなりますから、そう難しいことではありません。

しかし、四十秒短くしなければならないとなると、かなり大幅に変更を余儀《よぎ》なくされます。構成自体を考え直してみたり、まるっきり異なるセンテンスに置き換えてみたり、一捻《ひとひね》りしてみなければ無理でしょう。

こうやって自己PRをアレンジしよう

では、これを一分バージョンにアレンジしてみましょう。第四段階の「ストーリー」までに押さえたポイントを外さないように気をつけて短縮することが大切です。

筆者の自己PR　一分バージョン

私は一人っ子のせいか、わがままに見られがちです。でも、実は結構、頼りがいのある人間なんです。

←方向性を示す導入部

先月、母が交通事故で入院したのですが、奇しくもこの日は、父が退院して自宅療養となった日だったので、病人二人を抱えた私は、当初、「これは就職活動どころではない」と目の前が真っ暗になりました。

しかし、とことん落ち込んだ後は「絶対乗り越えてやる」と奮起し、全くできなかった家事や両親の看病はもちろん、母と同じ病棟のお年寄り達のお世話、それに、就職活動もこなせるようになりました。

そして、自分が逆境の中でこそ成長できる打たれ強さと行動力を持っていること、頼られたり世話をしたり、とにかく人と関わるのが好きなことを実感したのです。

←結論

これまでゼミの幹事などを任されてきたのは、こうした性分ゆえだと自負していますし、社会に出ても、きっと役立つと思っています。

いかがでしょう。構成自体は変えずに、語句やセンテンスを工夫してみました。大筋は変わらないけれども、だいぶコンパクトにまとまったのではないでしょうか。

さらに、骨子だけの三十秒バージョンを作ってみましょう。

筆者の自己PR　三十秒バージョン

私の持ち味は、逆境を乗り越える打たれ強さや行動力、社交性です。

先月、父が病気療養中の上、母が交通事故で入院してしまい、一人っ子の私は、「就職活動どころではない」と落ち込みましたが、今では、就職活動や家事、両親の看病はもちろん、母の病棟のお年寄り達のお世話もこなしています。

こんな性分が、ゼミの幹事などを任されてきた理由であり、今後も役立つだろうと自負しています。

←結論

三十秒の場合は、「変形ピラミッド～型」のような「サンドイッチ型」にする時間的余裕はありませんから、これまで最後にしていた自己主張部分を頭に持ってきました。修飾語は極力少なくし、単語も短いものを使用して、内容を詰め込んでいます。
さて、今度は、長めの二分バージョンにしてみましょう。このくらいになると、だらだらした印象にならないように、めりはりをつけることが肝心です。プレゼンテーションの際の話し方やジェスチャーに頼る部分も多くなってきます。また、これまで、三十秒や一分の時に用いた要素だけではどうしても間延びしてしまいますので、別の要素を補充する必要性も出てきます。

筆者の自己PR　二分バージョン

私は一人っ子です。そのためか、初めて会った人などからは、甘やかされて育ったわがまま娘と思われがちなのですが、知り合うにつれて、よく「頼りがいがある」と言われます。

←方向性を示す導入部

でも、そんな自分を自覚したのは、実はごく最近のことで、先月、母が入院した時でした。自転車に乗っていて、トラックにはねられ、手術をしなければならなくなったのです。奇しくもこの日は、父が退院して自宅療養となった日だったので、私は突然、病人二人を抱え、これまでやったこともない家事全般から両親の世話まで一人でやらなければならなくなりました。
「これは就職活動どころではない」とはじめは目の前が真っ暗になりました。でも、とことん落ち込んだ後は、だんだん、「絶対に乗り越えてやる」という負けん気が顔を出し、今では、料理洗濯や両親の看病をはじめ、母と同じ病棟のお年寄り達のお世話やボランティア活動などもてきぱきこなせるようになりました。もちろん、自分の就職活動も前向きに取り組んでいます。

そして、自分が逆境の中でこそ成長できる打たれ強さを持っていること、限られた時間の中で要領よく行動するのが得意なこと、それから、頼られたり世話をしたり、とにかく人と関わっていくのが好きだということを実感したのです。

←結論

振り返ってみると、これまで私は、ゼミの幹事や生徒会長など、責任ある立場を任せてもらったことが多く、大変有難いことだと思っているのですが、それもこんな私の性分ゆえではないかと今では自負しています。また、こうした性分ゆえに、子供からお年寄りまで年齢層や職業を問わず、様々な立場の素晴らしい人々と出会い、いろいろなものを吸収しているのだと思います。これから社会人としても、そして取材者としてもきっと役立つだろうと思っています。

←軸を補う別のエピソード

二分はともかくとして、三分以上になると、自己ＰＲだけとか志望動機だけ、というよりは、自己ＰＲと志望動機の二つを合わせて三分や五分で話すように求められることが多くなります。

ですから、自己PRや志望動機、単独で三分以上のパターンを用意するというよりは、二つ合わせた場合をまず考えることをお勧めします。余力のある人は、どちらも実践したほうがよいのは言うまでもありませんが。

一度で完成品を作る必要はありません。何度も各段階を繰り返したり、原稿自体を読み返すうちに変化させていったり、改良を繰り返すことも大切なことです。

このようにして、第一段階から第四段階まで積み上げた結晶として、アピールすべき能力を意識しつつ、しかも、時間を明確に意識しながら原稿化していけば、「漏れなく、ダブりなく」言いたいことを伝えられるはずです。

●重要なポイントをストーリー化する●

＊「能力」をあらわす軸になるエピソードを中心に、４つか５つの要素を挙げ、ストーリーを作ってみてください。

↓

↓

↓

↓

●基本の１分原稿を作る●

＊30秒、2分、5分原稿を作る際の基本にもなる1分原稿を300字で作ってみましょう。

（300字）

第3章　ロジカルポイント

◆自己分析も報道取材と同じ。5つのステップで自分取材せよ。

◆自己PRを原稿化する時はテーマ、構成、長短、適切な語句の4点に留意する。

◆名プロデューサーになったつもりで、月並みのエピソードには具体性を持たせて魅力的な話に演出せよ。

◆自己PRに経験談を詰め込み過ぎてはいけない。どれがビジネスに必須の能力に結びつくかを自分の頭で考え、情報を取捨選択せよ。

◆原稿はピラミッド・ストラクチャー型の構成で作成する。キャッチとなるリードを入れて変形型にしてもよい。

◆原稿は時間を意識し、30秒、1分、2分のバージョンを用意しておく。3分以上のバージョンは志望動機と自己PRを組み合わせて作る。

Logical Point

報道デスクの目◆2 報道にとって大事な情報源とは？

記者として、デスクとして、あるいはキャスターとして、様々な情報を基に原稿やコメントを作ります。その「情報源」は多いに越したことはありません。

では「情報源」とは何でしょうか？ 新聞？ 雑誌？ インターネット？

答えは全てNOです。これらは私たちにとって、参考資料やアイデアのヒントにはなりますが、イコール「情報源」にはなり得ません。そこに書かれていることが真実かどうかわからないからです。

例えば、A新聞で特ダネとして書かれていたからと言って、あるいはツイッターで「○○で銀行強盗があってパトカー多数」とつぶやかれていたからと言って、真実とは限らないのです。ましてや、ネット掲示板などでは根も葉もないことが溢れています。私自身も全く身に覚えのない誹謗《ひぼう》中傷を書かれたこともあります。

私たち記者が「情報源」と言えるのは、「当事者」もしくは「当事者にまつわる一次情報を発している人」です。だから、事件が起きれば現場に行って取材をし、被害者や目撃者、関係者、捜査当局者、あるいは、ツイッターでつぶやいた本人に直接話を聞き、企業の合併情報などがあれば、双方の会社の幹部や広報から詳細を聞き出し、ニュースにするのです。

その「情報源」をいかに幅広く、たくさん持ち、さらにそこから多くの真実を引き出すことができるかが、優秀な記者か否かを分ける一つの大きなポイントになるわけです。

就職を希望する企業にまつわる情報は新聞やネットなどにも溢れていることでしょう。しかし、それを鵜呑《うの》みにしていいかどうかは別の問題です。就職先を選択する一つの参考情報にはなるでしょうが、それだけで判断するのは危険です。

では、どうしたらいいのか？ 「当事者」、すなわち志望する企業の人間に直接あたるのです。もちろん、学生としてできることは限られているかもしれません。また、会えたとしてもその人が嘘をついていたり、いい加減なことを言っていたりする可能性もないわけではありません。

しかし、どんな人が実際に働いているかを直接知り、実際に働いている人が自社をどう捉え、学生からの質問にどう答えるかを自分自身の目で耳で肌で感じるほうが、その企業の真実の姿に近づけるはずです。

第4章

自分取材と会社取材で、面接官も納得の志望動機ができる！

能力の証明に加えて必要な「何か」とは

先日、広告代理店時代の先輩と話していた際に、毎年面接官を務める彼がこんなことを言っていました。

「今年も優秀な人がたくさん応募してきてくれたのだけれど、『絶対この人を採《と》りたい』という気持ちを起こさせる人は本当に少ないんだよね。何でそうなのかと考えてみたんだけど、優秀なだけの人は、別にうちの会社でなくてもよいし、『この人なら、ずっとうちの会社で頑張ってくれる』という確信が得られないからなんだよ」

このコメントは非常に大事なメッセージを含んでいます。

かつて日本ビジネスの大きな特徴の一つに数えられていた終身雇用制が、かなりの部分、有名無実化している今、彼も文字通りの「ずっとうちの会社で頑張る」ことを要求しようというわけではもちろんないはずです。

しかし、二〇一六年三月の大卒者の入社三年以内の離職率が約三二％（二〇一九年厚生労働省調べ）ともなると、能力だけ証明しても、それだけでは不十分です。「この人なら、ずっとうちの会社で頑張ってくれる」と思わせる「何か」が求められても不思議なことではありません。

そして、**この「何か」とは「合っている」＝「フィッティング」という概念**なのです。

つまり、「私は御社に合っている」ので、だから、「頑張ることができる＝能力を十分発揮できる」となるわけです。

この「私は御社に向いている」というのは、そんなに難しい概念ではありません。

この部分を面接官に納得させるためには、「僕／私は御社に入りたい」その理由をプレゼンテーションすることになり、それが即ち「志望動機」となるわけです。

能力と違って、このフィッティングはネガティブチェックの意味合いが強いでしょう。先の先輩の発言を深読みすると、「うちの会社でなくてもよい」というのは、「うちの会社でもよい」ということであり、また、「確信が得られない」というのは「もう一歩で内定」ということです（そもそも、採りたい能力のない人材のことは、このような話題にならないでしょう）。

ですから、この部分は加点して内定を勝ち取るというよりは、採用する側に「うちの会社を誤解していない」と確信させる部分だと考えたほうがよいのです。

となると、この部分で独創的なプレゼンテーションをする必要はありませんし、あまりたくさんの時間をかけるのは得策ではないということになります。

しかし、誤解があって志望し、それで入社にまで至った場合は、採るほう・採られるほう、双方にとってこんな不幸なことはありません。面接はお互い時間の無駄です。
そういう意味においては、**フィッティングは蔑《ないがし》ろにしてかまわないという類のものでないことは**、念を押しておきたいと思います。

熱意を持っていても、その会社に合っているとは限らない

さて、フィッティングの詳説に入る前に、一つ皆さんに伺います。「ずっとうちの会社で頑張る」と思わせる「何か」と前述した時に、「熱意」という言葉が脳裏《のうり》をかすめた人はいませんでしたか？　もし、いらっしゃったとしたら、それは誤解です。**熱意がいくらあっても、フィッティングがあるということは言えません**（熱意が能力の代替にならないのは当然のことですが）。

もちろん、この二つの概念、熱意とフィッティングはお互いに全く縁がないというわけではありません。両方が揃《そろ》って、「頑張ることができる＝能力を十分発揮できる」になるのですから。

それに熱意は大事です。ですから、面接の場で「どうせ御社は、滑《すべ》り止《ど》めです」という態度をとるのは、問題外です。狂気の沙汰《さた》です。誰もそんな人間を採用しよう

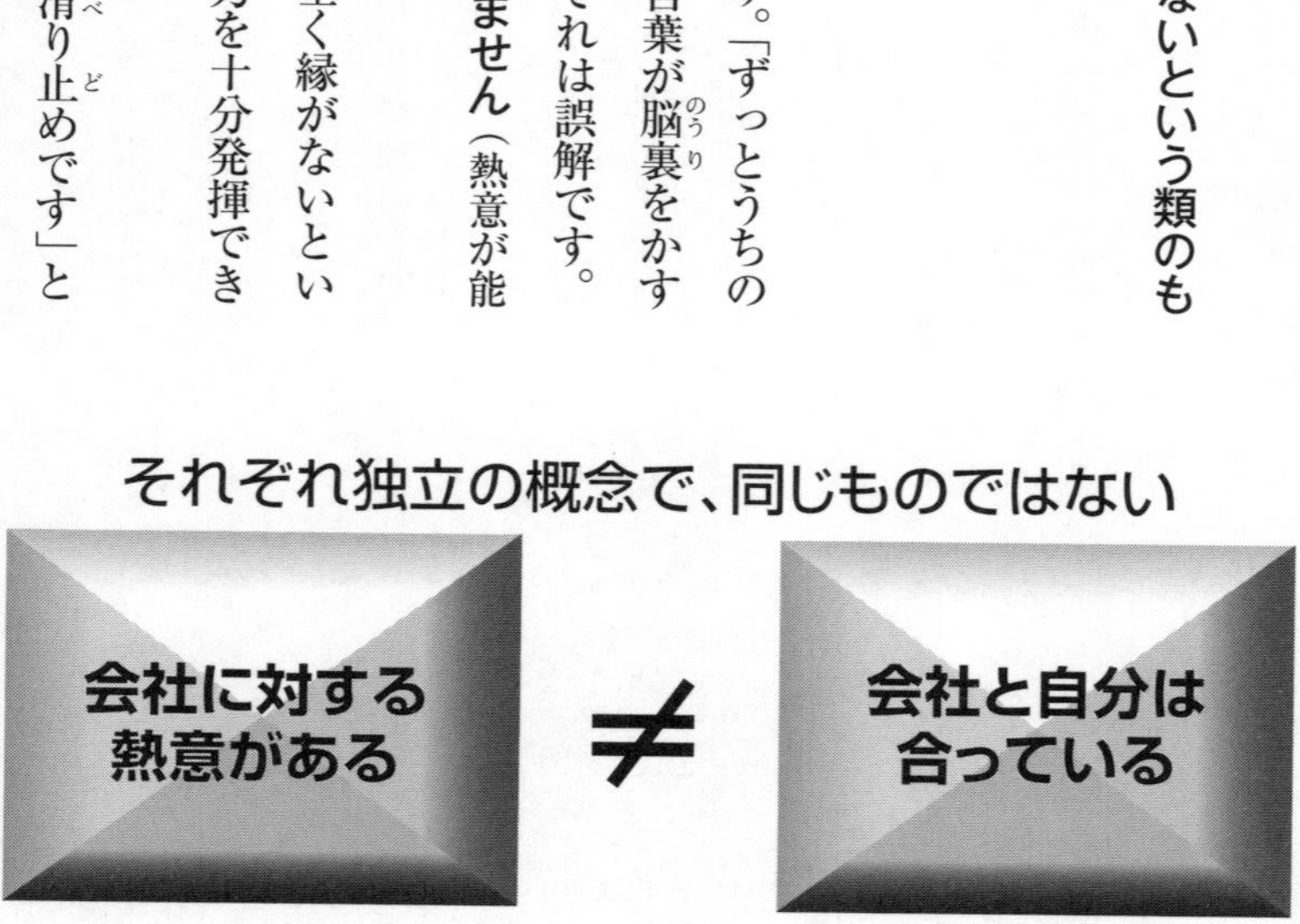
それぞれ独立の概念で、同じものではない
会社に対する熱意がある
≠
会社と自分は合っている

とは思わないでしょう。

まさかそんな人はいないという前提で言うならば、そもそも、すでにこの場（面接の場）に来て熱弁を振るっているだけで十分なのです。ことさら熱心に熱意を説《と》く必要はありませんし、もしそうしたとしても、それはポイントを稼ぎ出しません。時間の無駄と言っても過言ではないでしょう。

確かに、面接の武勇談として、「僕／私は熱意を買われた」という話はいくつもあります。例えば、ある本に載っている有名な逸話《いつわ》である「私は面接前に、志望する会社の人間の二百七十人と会った」という話です。

筆者がこの人の面接官だったら、やはり採用する確率が高いと思います。ただし、決して「熱意」に感動してではありません。

この人がいつから、この壮大なプロジェクトの遂行《すいこう》に取りかかったかは知りません。仮に一年かけたとしましょう。そうだとすると月に平均二、三人ぐらいには会わなければならないことになります。一日二人だとしても、休日を除くと一カ月のうち二日に一日です。

「他にやるべきことはなかったのか？」という批判はあると思います。しかし、行動力や問題解決力という視点で見た場合に、これは大変な偉業だと言っても過言ではありません。

しかも、当然、紹介から紹介という形で二百七十人の制覇《せいは》を目論《もくろ》んだのでしょうから、一旦「コイツは紹介するのが恥ずかしい」とか「コイツは、うちには向かない」と思われたら、そこでアウトです。ですから、このアピールをした学生にはコミュニケーション力もフィッティングも十分に備わっていたはずです。

面接はお見合いに例えられることが多いのはご存知でしょう。そうであるならば、一方的に気に入って熱意だけを前面に押し出しても、成就《じょうじゅ》することが少ないのは容易にご理解いただけると思います。

熱意だけを前面に押し出すと、ストーカー呼ばわりされる恐れもあります。もちろん、ストーカーというのは結果論ですから、たまには押しの強さだけで相手が陥落《かんらく》することだってあるかもしれません。あくまで確率論ですが。

企業研究は漠然とやってはいけない

では、「フィット」しているとは、どういう場合に言えることなのでしょうか?

概して言うと、前述した通り、「合っている、向いている」という意味です。つまり、「私は御社に向いている」という意味合いです。

ここでもお見合いに擬《ぎ》すると、もっとわかりやすいかもしれません。読者の方はお見合い等はまだまだ先のことでしょうが、相手を決定する条件として、「価値観が合っている」とか「行動パターンが似ている」ということが必要になるのは、容易に想像がつくでしょう。つまり相性ですね（蛇足ですが、お見合いの際の「能力」にあたるのが、「収入」とか、「背の高さ」になるのでしょう）。

人材と企業の間のフィッティングも、全く同じです。この二つの条件である、「価値観が合っている」とか「行動パターンが似ている」を人材と企業の間で置き換えると、「どういう場合にうれしいと感じ、どんな場合に辛いと感じるか」とか「何を優先して行動するか」（例えば、精緻さなのか早さなのかなど）ということになります。

もっと平たく言えば、自分の「やりたいこととやり方」が、会社の「やりたいことやり方」に合っているかです。フィッティングが志望動機となるというのは、この意味においてです。

当然、企業とあなたとの間のフィッティングを明確にするためには、まず企業を知らなければいけません。いわゆる企業研究です。**企業を知ることによって、それを視点として、今度は自分を取材し、フィットしているかどうかを見る**わけです。

そして、そこにフィッティングがあれば、それが志望動機となっていくわけです。

「企業研究というものは、しなければいけないものだからするんだ」だと思っていませんでしたか？　そういう漠然とした企業研究をしていても、時間がかかる割には、

So what ?＝だから何なのだ、は出てきません。

とは言っても、皆さん学生なので、「企業研究をフィッティングという視点で」と言われても、まだ何をどうすればよいか、ピンと来るところではないと思います。

そこで、次からは企業研究の方法論について「どういうポイントを」「どのような情報源」から読み取るべきかを論じたいと思います。

企業研究では、まず企業の戦略を押さえろ

最初に押さえるべきポイントはその企業の「戦略」です。「戦略」とは、二つの要素から構成されていると考えてください。一つは「その企業のありたい姿」であり、もう一つは、「そのあるべき姿に到達するための方法論」です。

ですから、人材のあり方も、戦略とベクトルを同じくしているはずなのです。これが、まず戦略を押さえなければいけない理由です。

そしてこの「戦略」は、レベル的に三段階あると考えてください。上位の概念から順に、①全社戦略＝経営戦略、②事業戦略、③機能別戦略です（もちろん、この辺りの言葉遣いは、企業によって若干差がありますし、先の三つは連続性のあるものです。例えば、事業領域が一つの会社だと、全社戦略はほとんど事業戦略と等しくなってくる場合もあり

戦略の構成要素

- その企業のありたい姿
- そのあるべき姿に到達するための方法論

得ます。柔軟に考えてください）。

まず、全社戦略の例を見てみましょう。例えば、オリンパス株式会社では、「生活者として社会と融合し、価値観を共有しながら事業を通して新しい価値を提案し、人々の健康と幸せな生活を実現する」を経営戦略（全社戦略）に挙げています。

抽象的過ぎて、自分のやりたいことと方向性が合っているかどうか、わからないのではないかと思います。それは、この会社が様々な事業を展開していて、それを上位の概念で括《くく》ると、どうしてもかなり抽象的にならざるを得ないからです。

こういう様々な種類の事業を抱えた会社の場合は、もう一つ下位で、より具体的な事業戦略のほうが、自分のやりたいこととのフィッティングを考える際には重要でしょう。

しかし、その事業戦略も全社戦略をベースにしているのです。そう考えると、**事業戦略を理解するためには、まずは全社戦略についての一通りの理解は必要**だと考えられます。

一方、単一の事業しか展開していない会社の場合は、ほとんどにおいて、その全社戦略が即ち事業戦略となります。このような企業の場合は、全社戦略がフィッティングを見る上で重要なわけです。

企業の「あるべき姿」を知るための資料

前述のことを踏まえた上での全社戦略ですが、これは、定義としては「企業が持っている様々な事業の中で、どこに力を入れて、どういう会社（あるべき姿）になっていくか？」に対する答えとなります（経営理念だとか、企業方針などという言葉も、この全社戦略とほとんど同じ意味合いだと考えて結構です）。

この「どこに」という言葉の範疇《はんちゅう》には、製品分野や地域などが含まれます。ですから「これからはアメリカ市場を中心に」というのも、全社戦略の中に含まれます（全社戦略の中には実際には資金調達の問題も含まれるのですが、金融業界を目指す方々以外は、優先順位を低くしておいてもかまいません。ただし、上場を控えていたりする会社の場合は、最近のニュースとして注意を払ってください）。

一方「あるべき姿」への方策を明確に知るためには、現状も知っておく必要があるのはもちろんです。「そのあるべき姿に到達するための方法論」は、言い換えると、現状と「あるべき姿」のギャップを埋めるために存在するのですから。

また、「あるべき姿」というのは、近未来のことを指しているわけですから、今の企業の現状と大きく変化することも考えられます。

例えば、ソニーは、いまや「ソニー生命」「ソニー損保」「ソニー銀行」まで展開しており、単なるメーカーでなくなっているのは周知の通りです。またブリヂストンという会社は久留米の地下足袋《じかたび》製造会社から始まりました。が、ゴムを貼り付けた地下足袋の大ヒット後は、その技術を強みに、タイヤメーカー、スポーツ用品メーカーへと変身していきました。

このように、会社はどんどんその姿を変えていくものです。そしてその方向を示しているものこそ、全体戦略なのです。

このような全社戦略を知るためには、いくつかのソースがあります。

まずは、「**企業スローガン**」です。ただし、スローガンは象徴的表現で具体的なところまではわからないことと、「あるべき姿」が強調されて方法論が表現されていない場合が多いのが、この目的のためのソースとしての欠点です。

しかし、有名な（今では使用されていませんが）「It's a SONY」のように、「ソニーにしかできない独創的なものを提供する」という強いメッセージが明確に伝わるものもあります。この場合は、「全社戦略」が長く叙述《じょじゅつ》されていても、その中で最も重要な部分はどこかを理解するのには、すこぶる役立ちます。

その他、**会社案内やアニュアルレポート**（年次報告書）**にも全社戦略は必ず記述されているはずです。**また、**社長の年頭の挨拶**などが新聞に載《の》る場合には、それにも

全社戦略を知るためには、3つを見る必要がある

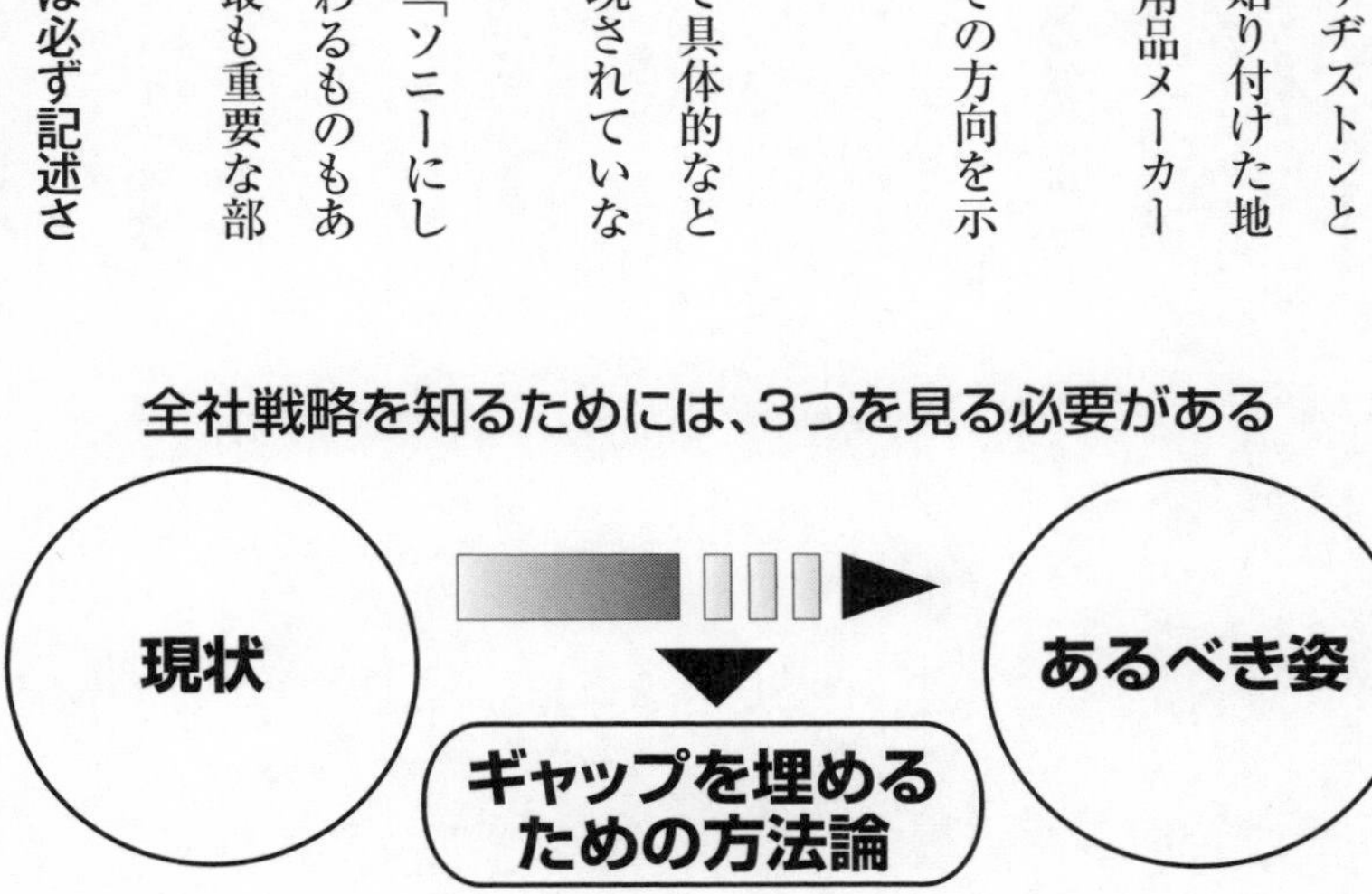

注意してください。

特に、歴史が新しく、規模においても、内容においても日々変化しようとしている会社の場合は、定期的にしか改訂されない会社案内やアニュアルレポートの記述では、最新の状況を伝えていない場合もあります。ですから、**新聞や雑誌の記事には必ずアンテナを張り巡らす必要があります。**

また、「あるべき姿」に関する叙述の中では、現状との対比で語られることが多いのですが、詳しく、例えば定量的に知るのであれば、年次報告書の事業別売上などにも目を通しておく必要があるでしょう。

自分が入りたい事業部の戦略を徹底研究してもよい

全社戦略の次に俎上《そじょう》に上げなければならないのは、事業戦略です。

企業の中には、その内部に様々な事業を抱えている企業があります。○○事業部、△△事業部というのは、それぞれが違う事業を営んでいるのです（事業部という名称がつくとは限りません）。事業戦略というのは、その中の一つの事業がとっている戦略です。

各事業部が違うビジネスを営んでいるような企業の場合は、（先に見てきたように全社戦略が抽象的なものにならざるを得ません。そういう場合、フィッティングは事業戦略と「やりたいこと」との比較において確かめなければなりません。

もちろん、すべての事業部の戦略を研究するというのは、事実上不可能です。そういう場合は、**代表的な一つの事業部を選んで企業研究すればよい**でしょう。

また、自分が入りたい事業部の事業戦略を徹底的に研究するのもよいでしょう。ただし、自分が入りたい事業部がその社にとって現状あまりにもマイナーで、しかも将来的にも注力される予定がない場合はその限りではありません（そういう場合、その企業を選ぶこと自体、勧めませんが）。

また、事業戦略は競争戦略と考えても差《さ》し支《つか》えありません。

そして、事業戦略は「ポジショニングとそのポジショニングをとるための方法論」と考えてください。ポジショニングとは「他社との競合関係を前提として、自社が市場の中でどのような位置を占めていくか」ということです。

具体例で見てみましょう。134ページ図3は、Aホテルという、一つの商品のポジショニングです。

まず縦軸は価格です。上に行くほど高価格、下に行くほど低価格になっています。Aホテルは、ちょうど中間にポジショニングされていますから、価格帯においては、中価格帯のホテルということになります。

図3

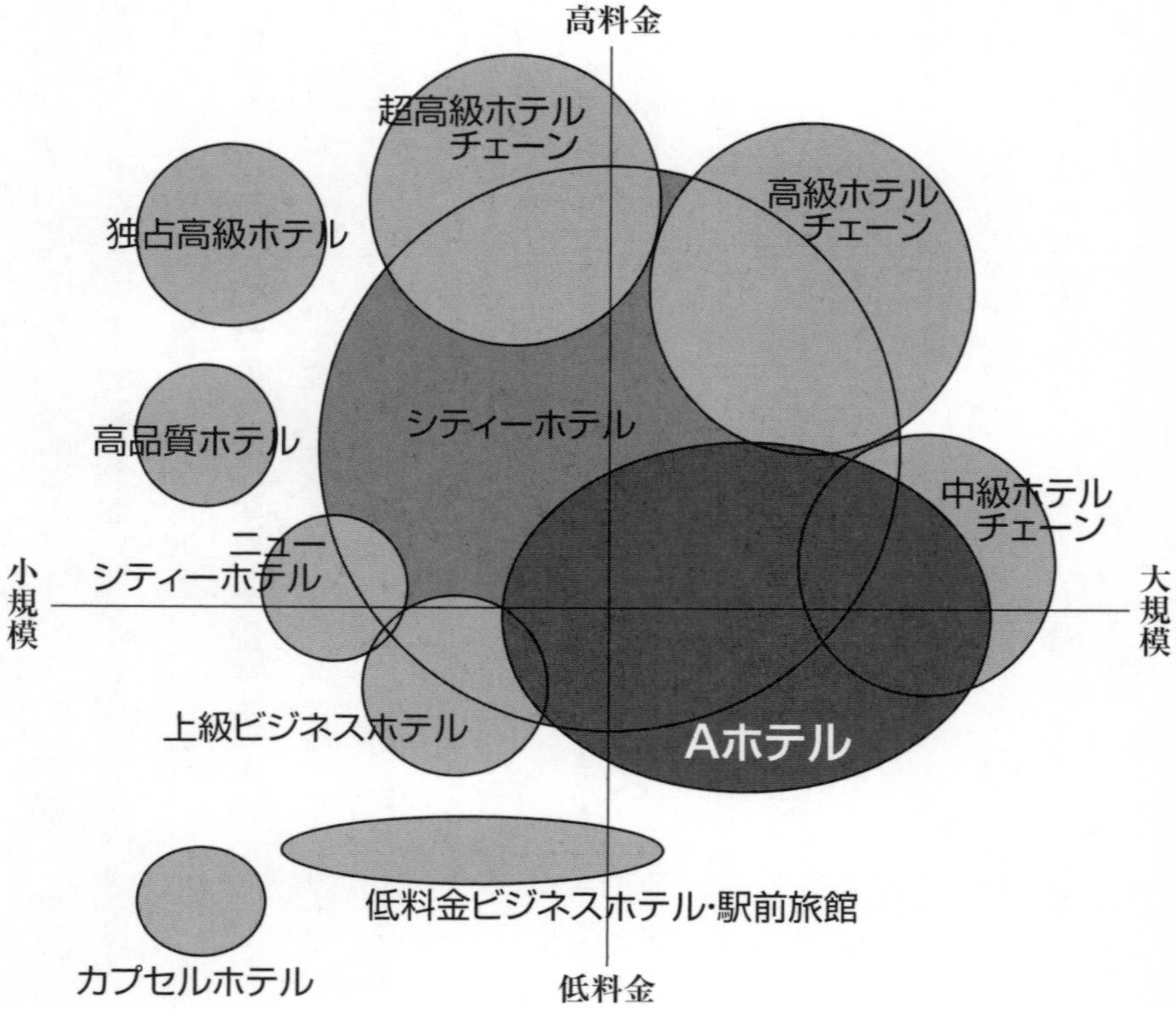
高料金
超高級ホテルチェーン
独占高級ホテル
高級ホテルチェーン
高品質ホテル
シティーホテル
中級ホテルチェーン
ニューシティーホテル
小規模
大規模
上級ビジネスホテル
Aホテル
低料金ビジネスホテル・駅前旅館
カプセルホテル
低料金

次に横軸です。右に行くほど大規模、左に行くほど小規模になります。この大規模と小規模という軸が、顧客にとってどういう意味を持つのかは、明確ではありません。そこで察するに、「様々な設備（例えば、ビジネスセンター）がどれだけ整っているか」と解釈できないではありません。大規模になると宿泊客が多いので、設備に対する一人あたりのコスト（お金やスペースや従業員）負荷が小さくなるため、様々な設備を整えることが可能になるからです。

だとすると、このポジショニングから読み取れるのは、「重役級には至らないビジネスマンを一つのターゲットとしている」ということになります。

事業戦略を分析するポイント

事業戦略は次のようなポイントを視点として研究してください。

どんな商品・サービスを扱っているのか？

- どの製品分野の商品なのか？
- 高級品なのか普及品なのか？
- 嗜好品なのか必需品なのか？

・技術が発展段階にある商品なのか成熟してしまった商品なのか？
・その他

商品・サービスのどこで勝負しているのか？（これが方策です）

・商品やサービスそのもの……独創性のある商品やサービスの開発
・付加サービス……コンサルティング営業、商品に付属するおまけなどもこれに含まれる
・価格
・流通政策……どこに行っても売っている、お店が薦《すす》める、お店の中のよい場所に積まれている
・プロモーション……広告、イベント、懸賞キャンペーンなど
・ブランド……どうやってブランド力を育成しているかに注意
・その他

どんな顧客（ターゲット）なのか？

・法人か、個人か？

事業戦略と自分のやりたいことはフィットしているか

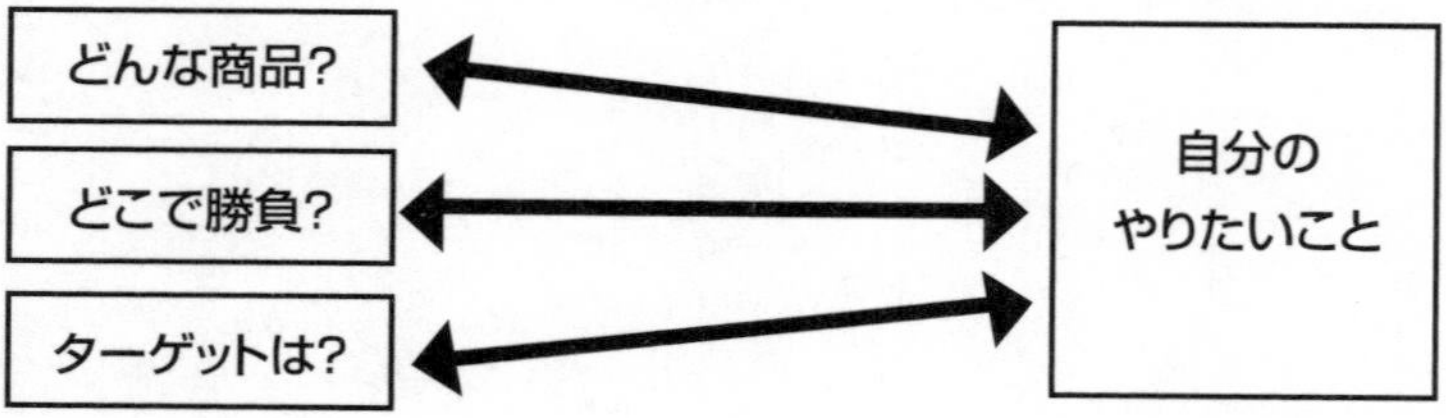

• 法人の場合、広く遍《あまね》くか、絞り込んだ（業種・規模・地域等）法人か？
• 個人の場合、広く遍くか、絞り込んだ（性別・年齢・地域・収入・職業等）個人か？

商品・サービスに関しての情報を仕入れることは、さして難しい話ではありません。もちろん、会社案内には取り扱っている商品がすべて記載されているはずですし、消費財であれば、自ら消費者として店頭を回ることだってできるはずですから。ターゲットについても商品・サービスを調べる過程でわかってくるでしょう。

これに対して「どこで勝負」に関する情報を仕入れるソースは、「これぞ」というものがなかなか見つかりません。

もちろん、先に触れた年次報告書や会社案内にもその一端は書かれているでしょうが、真正面からの答えはなかなか見つからないでしょう。

よって、頼るべきは先輩ということになります（もちろん、自分で十分研究した後ですが）。ただし、正直、このレベルの質問にスラスラ答えることのできる若手社員が、志望する会社にゴロゴロいるとは期待できません（だからこそ、その質問をするあなたが光るのです）。

ですから、様々な部署（理想的には、現場とマーケティング部門や企画部門の両方）の先輩から話を聞いて、自分なりにまとめるのがよいでしょう。

その自分なりにまとめた仮説を面接時にぶつけても、それはそれでインパクトがあるのではないかと思います。

人事の機能別戦略だけは必ず確認せよ

機能別戦略は、各事業部の中の各部署（言い方は会社によって異なりますが）の戦略と考えていただいて結構です。

このレベルになると、かなり具体的な方法論が出てきます。当然、面接に臨む学生としては、そこまで知る必要はありません。ただし、ただ一つの部署の戦略を除いては。

もちろん、その部署とは「人事」です。自分の望むキャリア（職歴）を築くためにも、**人事の機能別戦略に関しては調べなければいけません。**その調べるべきポイントとして、次のようなものが考えられます。

①ジェネラリスト（総合職）志向なのかスペシャリスト（専門職）志向なのか？

【ジェネラリスト志向の場合】

・どのような職種をローテーションするのか？
・どれぐらいの間隔でローテーションするのか？
・入社何年目ぐらいまで、ローテーションは続くのか？
・例外的にスペシャリストになることは可能なのか？

【スペシャリスト志向の場合】
・どの範囲でスペシャリスト志向なのか？（営業部署の中ではローテーションするのか、それとも扱う商品が決まったら、ずっとそのままなのか？）
・キャリアチェンジはあり得るのか？（それに伴う研修や留学制度はどうなっているのか？）

②いつぐらいから、仕事を任せてもらえるのか？

①についての大まかな情報は、会社概要に書かれていますが、詳しくは先輩か人事の方に尋ねるべきでしょう。
②は、制度面から推《お》し量《はか》ることができます。それは、給料格差が入社何年目からつくのかで見当がつくからです。

具体的な質問としては、「(年俸制が敷かれている場合は)年俸制は何年目から適用されるのですか?」です。

つまり、給与格差をつけるためには、個人の業績が明確でないといけないわけですから、その頃から、アシスタントではない一人前の仕事が要求されると思っていただいて結構です。

つまり、第1章でご説明した「会社の利益への貢献」が具体的に期待されているのです。

この年俸制は、今やかなりの割合の会社で採用されていますが、それが何年目から適用されるのかは会社によって違うようです。それを確かめてください。

このように、会社の人事制度を確かめて、自分の望むキャリアを築くことができるかどうかもフィッティングの大事な要素となるのです。

もう一度念を押しておきますが、**「企業研究は、それ自体に意味があるのではない」**ということです。企業研究はあくまで、「その企業が進もうとしている方向」に自分も軌《き》を一《いつ》にして、果たして「ハッピーなのか?」という視点で行なうべきだということです。

ですから、志望動機は、自分取材による結果とセットとなって、「○○○だから御社の戦略に私は共感できる」とならなくてはいけません。

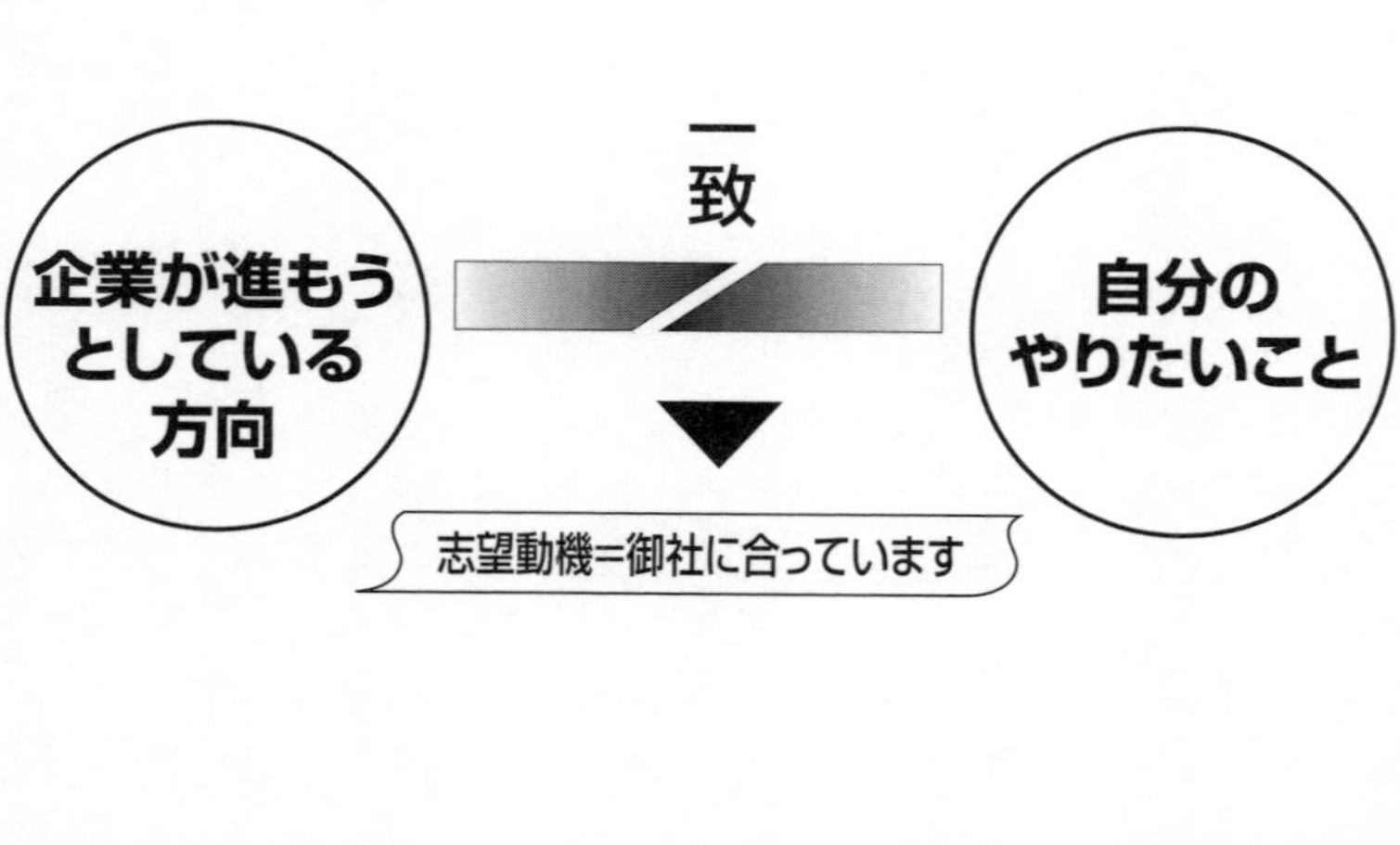

志望動機は、企業研究と自己PRを合わせて作る

では、具体的に志望動機を作ってみましょう。「志望動機」についても「自己ＰＲ」の時と段取りは同じです。復習のため再掲しておきます。

第一段階「先入観を捨てる」
第二段階「幅広い多くの情報を集める」
第三段階「重要なポイントを掴む」
第四段階「ストーリー化する」
第五段階「原稿化する」

志望動機を作る上で前提となるのは自分取材です。その上で、今度は相手、つまりその企業のことを取材し、自分との接点を見出し、アピールしていくことになります。

ですから、その手順としては自己ＰＲで行なった「先入観を捨てる」「幅広い多くの情報を集める」「重要なポイントを掴む」という、第三段階までの自分取材をした上

で、今度は企業取材を同様に第三段階まで行ない、それぞれの重要なポイントの接点、つまり、フィットしたものを「ストーリー化」し、「原稿化する」わけです。

段取りは自分取材と同じなので多くは割愛《かつあい》し、早速、企業取材の第二段階「幅広い多くの情報を集める」を見ていきたいと思います。

各企業を知るには、戦略を見るのが早いことはすでに述べました。そこで、ここでは三つの戦略それぞれを知る手助けとなる質問事項を挙げておこうと思います。質問事項は、先に紹介した通り、会社案内、入社案内（ホームページを含む）、新聞記事、社内の人の声などを駆使して埋めてください。

では、情報源をもとに144ページの質問事項に答えてみてください。

ここでの「顧客」はテレビ局なら「視聴者」、「商品」も「番組」に言い換えられるなど、それぞれの業界によって表現は違いますが、視点は同じです。

そして自分がこれだと思う業界の中で数社受ける場合には、簡単に言ってしまえば、基本となる志望動機は同じでも、

「同じ業界・業種の中で、じゃあ何でうちなの？」

と聞かれたときに、**自分なりの視点で他社との違いを答えられればいい**のです。

さて、このようにして企業の情報が集まったところで、重要なポイントをピックアップし、自分取材のポイントと結びつける段階になります。

志望動機の作業プロセス

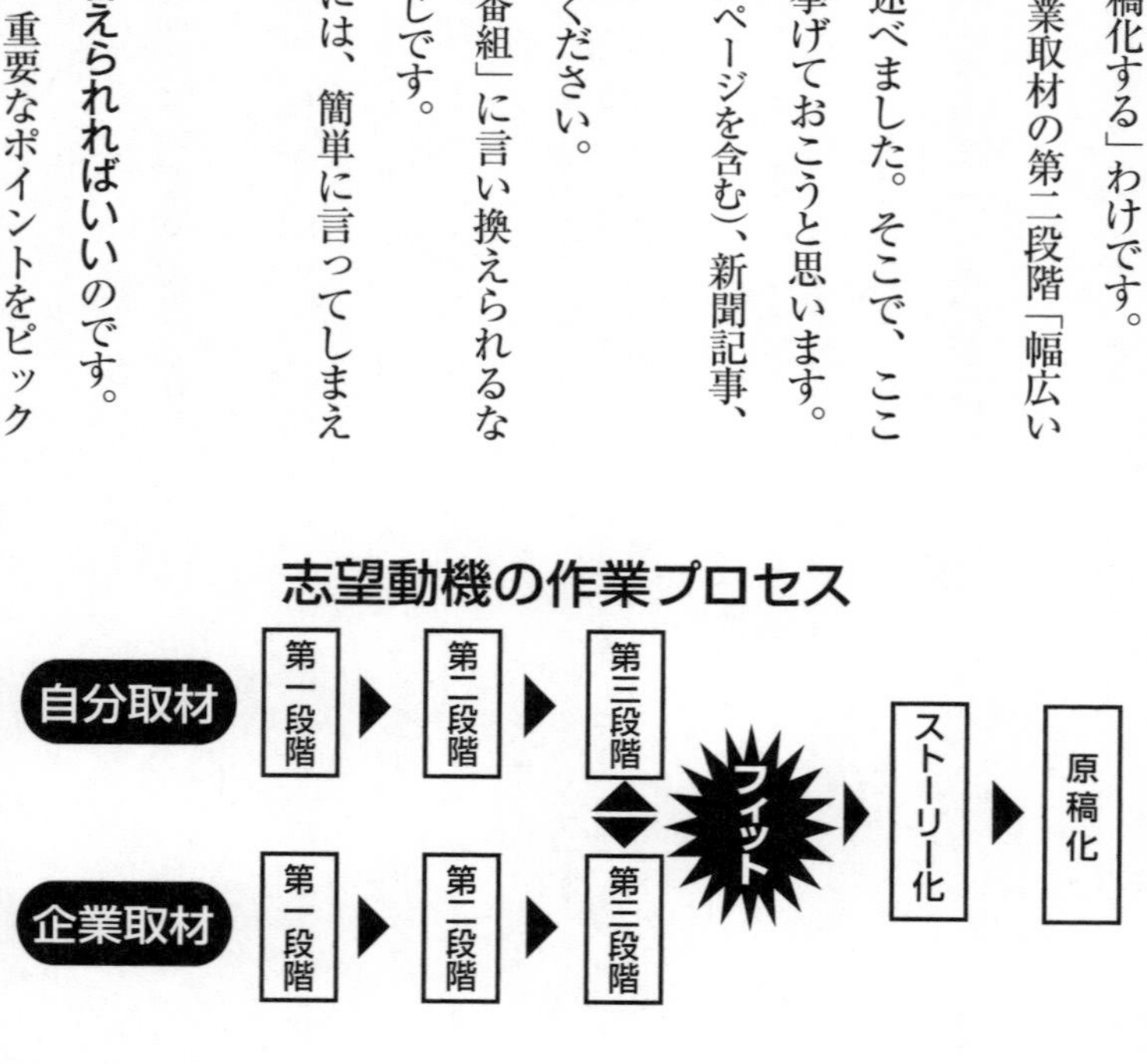

「自分はこういう人間で、御社はこういう会社なので、私は御社に合っています。だから入りたいんです」

志望動機の最終メッセージとなる、このようなスタイルにするためにはどのポイントが有効か、自分で書いた77から82ページと142ページの答えを見比べながらピックアップしてください。

絶対的なものではありませんが、要するに「志望動機」の半分は自己PRの要素、**もう半分が企業取材の要素であり、その二つを結びつけて辻褄《つじつま》が合うようにするの**です。あとは、また「ストーリー化」と「原稿化」に取り組んでいきます。

これが筆者の日テレ用の志望動機だ

ここで、恥ずかしながら、参考までに筆者の例を再度紹介しましょう。学生時代の筆者は、どうしてもテレビ局で報道をやりたい、しかもできれば政治部の記者になりたい、と希望していました。

当時、志望の局は一応ありましたが、報道は各テレビ局ともそれなりに力を入れているところですから、心半分は「入社できればどこでもいいや」と思っていました。ですから、何社も受験しました。入社して実際に仕事をすれば、各局の違いは

●会社取材のための手がかり●

全社戦略

・その企業は今、何に力を入れていますか？

・今後の方針はどのようなものですか？

事業戦略

・あなたがその企業の中で興味がある事業分野はどんなものですか？

・その企業（事業）は業界内でどのような位置付けですか？

・どのような顧客を対象としていますか？

・どのような商品を扱っていますか？

・扱っている商品のウリはどんなところですか？

・最近、業界内で話題になったことはどんなところですか？

機能別戦略

・その企業は、スペシャリスト志向ですか？　それともジェネラリスト志向ですか？

・職場ローテーションはどのようになっていますか？

・キャリアチェンジは可能ですか？

・入社何年目くらいから、仕事を任せてもらえますか？

・給与体系はどのようなものですか？

何かと目に付くものですが、学生にそこまでわかるはずはありませんし、わかる必要もありません。

ニュース番組やドキュメンタリー番組が各局のカラーを表す、数少ない大きな指標です。ですから、志望動機の核はどこを受験してもいつもほぼ同じにして、各局の番組に対するコメントの部分を変えればいいわけです。最初に一分原稿を紹介しておきましょう。

筆者の志望動機　一分バージョン

私はもともと、子供の頃からテレビ局の政治部記者になりたいと思い、そのために大学も政治学科を選びました。本来誰もが関係あるはずなのに、無関心になってしまう政治を、国民に身近なものにする可能性をテレビは持っていると思います。

五五年体制崩壊につながった九三年の選挙報道で、改めてそう確信しましたし、まさにあの時はテレビに釘付けになりました。政治だけでなく、様々な出来事や問題点を映像と音声を交えて印象深く伝えていくことができるテレビ報道という仕事は、全身全霊で取り組むにふさわしい仕事だと思いますし、真実を知りたいという欲求が強く、行動力と粘り強さには自信のある私に合っていると思っています。

特に、日本テレビは、『きょうの出来事』で櫻井よしこさんがリードしてきた一連の薬害エイズ報道に圧倒され、私もあのような意義あるプロジェクトの一員になりたいと思い、志望しました。

これは、筆者が入社した日本テレビの一次面接の時に話した志望動機です。志望するテレビ報道と会社に対する私見を述べた上で、自己PRも少し織り交ぜてみました。

他社を受ける時は、「特に、日本テレビは……」からの三行を、

「特に、『報道のTBS』と言われる御社は、『NEWS23』や『報道特集』で……」

とか、

「特に、テレビ朝日は『ニュースステーション』や『サンデープロジェクト』で……」

という具合に、その局に合わせてアレンジをしたのです。

とにかく、当時の筆者は何としてもテレビ局の報道記者になりたかったわけで、そのためにはそれぞれの社の特徴を自分なりに摑むというのは至極当然でしたし、その社その社で自然に話せたと思っています。

大袈裟に言えば、多かれ少なかれ、入社する会社がどこになるかということは運命に左右される部分が出てきます。ですから、個々の会社に過度に執着せず、自分がやりたい職種と能力を見極めて志望動機を作った上で、業界内の各社の比較を的

確に指摘したのなら、後は企業がどう判断するかに委《ゆだ》ねるぞ、というくらいの気持ちでいるのが、効率的かつ楽な方法なのではないかと思います。きちんと自分取材・企業取材を行なったという自負さえあれば、自《おの》ずと結果はついてくるはずですから。

自分のプレゼンを録って、繰り返し面接の練習をしよう

最後に一つだけ注意を。**本番では、「覚えてきたことをそのまま言わなきゃ」という意識を捨ててください。**

使い古された言葉ではありますが、面接は「会話のキャッチボール」です。覚えてきたことを発表する場ではありません。自分の気持ちや思いが言葉として面接官に伝わらなければ、せっかくやってきたことは全てパーです。

志望動機や自己PRは、必修科目のようなものですから、ある程度覚えておくのは当然のことですが、それでも、「一所懸命覚えてきました」とすぐにわかるようなプレゼンテーションでは意味がありません。

ですから、今のうちに話す内容と時間の感覚を体に覚えさせてしまい、本番では言葉が上滑《うわすべ》りしないように意識しながら話せるようにしましょう。**練習の際、ICレコーダーやビデオで自分のプレゼンテーションを録ってみるといいでしょう。**客

観的に自分を知ることができるはずです。

それから、面接官の尋ねることに対して忠実に答えるよう心掛けてください。面接は自分が話したいことを喋る場ではありません。面接官が何を知りたくて質問をしているのか、それを考えた上で自分をアピールすることが求められるのです。

聞かれるのは他の誰のことでもなく、自分で取材し尽くしたあなたのことなのですから、後は、ただただ、流れに身を任せればいいのです。自分取材をきちんとした人は自信を持って面接に臨んでください。

尚、オンライン面接だと、カメラに写らない所に〝カンニングペーパー〟を置くことが可能になります。カメラと同じ目線になる所にそれを貼っておけば、いいやと思う方もいるかもしれません。でもそれは危険な行為です。私もそういう経験がありますが、視線（目線）がどうしても不自然になりがちです。面接官に、この学生は何か原稿を棒読みしていると見破られてしまうでしょう。〝カンニングペーパー〟にない、思いがけない質問がなされたら、急にしどろもどろになってしまいかねません。そんな〝手抜き〟をしてはダメですよ。

壁に「冷静に！」などと貼っておくにとどめましょう。

第4章　ロジカルポイント

◆「フィッティング」が不十分だと「なぜその会社か」をはっきりと示せず、能力があっても内定が取れない。

◆熱意は当然必要だが、フィッティングと混同してはいけない。

◆「就職活動のために行なう」という明確な目的意識を持って企業を研究する。

◆企業研究には全体戦略、事業戦略、機能別戦略のチェックが必要。

◆志望動機では、自分取材と会社取材の結果を踏まえて、その会社と自分の方向性が合致していることを示す。

◆志望動機も自分PRと同じ段取りで原稿化する。

◆オンラインであれ、対面式であれ、面接は言葉のキャッチボール。覚えた文章を話すだけではダメ。いわんや、カンニングペーパーを使うのは絶対ダメ！

Logical Point

報道デスクの目◆3　男と女は同じではない！

入社以来、私は報道局勤務ですが、二年目の春に警視庁記者クラブに配属され、殺人などの凶悪事件を主に捜査する捜査一課の担当となりました。「夜討《よう》ち朝駆《あさが》け」と呼ばれる、出勤前や帰宅時の捜査員を自宅近くでこっそり取材する毎日が始まったのです。

私が最初に「夜討ち朝駆け」に行った相手も、あるベテラン捜査員でした。大きな事件があったため彼は数日間帰宅せず、私の「夜討ち」は空振り続きでした。何日目かに、ようやく彼の自宅の窓に明かりが灯《とも》っているのを見て、涙が出るほどうれしかったのを覚えています。

しかし、その喜びは一瞬で吹き飛びました。チャイムを鳴らして、玄関のドアが開いたと思ったら、彼はものすごい勢いでドアを閉めたのです。そして、ドアの内側からは「うちは単身赴任《ふにん》だから女は来るな」という怒鳴り声。呆然《ぼうぜん》としました。私は口籠《くちご》もりながら「あ、あの、取材に来ただけなんで、ドア越しでもいいからお話を聞かせてください」と食らいつきましたが、「差別はしないけど女は来るなって言ってるんだ」と引きません。「差別してるじゃん」と内心思いながら、私はすごすごと落ち込んで帰りました。

本当にショックでした。不慣れな警視庁担当の激務や緊張感も重なり、この仕事は女の自分には無理なのではないかと暫《しばら》く悩みました。

それから三カ月ほど経ち、仕事にも慣れ、取材で様々な方とお会いしました。中には男性より頑張っていると評価してくれる方や、女性だからと取材を受けてくれる被害者の方もいました。卑屈な意味ではなく、男女の違いを次第に受け入れられ、自分の個性を生かそうという前向きな気持ちになっていきました。

その後、私は三十三歳で女性初の警視庁記者クラブのキャップになりました。私を含め十人いるクラブ員のトップに女の自分がなるなんて、昔の自分からは想像もつきませんでした。「男社会」「階級社会」とも言われる警視庁当局や他社からも、最初はかなり特異な目で見られたようです。でも、そのときはもはや「私は私」と思える自分がいました。他社の男性キャップ達より「きめ細かい目配り」などは勝っているという自負もありました（もしかしたら太々《ふてぶて》しさも?:)。

女性と男性は同じではない。それを理解した上で、女性も男性もお互いを尊重しつつ自分らしく頑張ればいいのです。それは男女差別とは違うと感じています。

第5章

報道記者が直接指導！
学生二人の『自分取材』実録

「自分取材」を実際に二人の学生さんにやってもらいました。あなた自身が自分取材をする時の参考になると思いますので、この章では学生さんが悪戦苦闘する姿を通し、「取材」のコツとなりそうなポイントを掲載していきます。

ここでは私が学生さんに取材している部分も、実際には皆さん自身で行なう必要があるのだということを意識してください。

早稲田大学　水野真理さん(仮名)の自分取材

水野さんデータ

早稲田大学教育学部

志望　教育・人材・商社

就職活動歴　会社説明会に数社行った程度

下川チェック

自己分析　甘い

第一印象　優しそう、ちょっと弱々しい感じ、まじめそう

全体的な印象　話に具体性やエピソードが皆無

特性と志望職種とのズレがあるものもある

彼女のイメージと「教育系」は合っている

水野さんは、データの「第一印象」にも記した通り、まじめで優しそうな感じがして、初対面の人に嫌な感じは決して与えないタイプですが、少し線の細さというか押しの弱さが懸念されます。彼女は、「自己分析はやりました」と話していたので、まず、自己PRと志望動機を聞いてみました。

修正前　自己PR／志望動機

私は[A]自己成長力のある人間です。興味のあることには積極的に動いてきました。[B]学生の就職意識を変革したいと思い、教育系の御社を志望しました。事前に会っていただいた社員の方が責任感を持っていたのに惹《ひ》かれ、[C]自分の力を生かせると思いました。

短過ぎること、自己PRと志望動機が混ざっていることはさておき、あまりにも抽象的で具体性がないのにお気付きだと思います。傍線部だけを見ても、

A「自己成長力」って何？

B「学生の就職意識を変える」ってどういうこと？

C「自分の力を生かせる」ってどう生かせるわけ？

すぐにいくつもの疑問が噴出しますよね。

この自己紹介を聞いただけでは、彼女がどんな人物なのか全くイメージできないはずです。

水野さんは、「自己分析をした」と言います。どんなことをどんな風にしてみたのか尋ねると、「セミナーで知り合った就職活動仲間とお互いのやりたいことなどを話し合った」という返事が返ってきました。

それは自己分析ではありません。就職活動仲間や友人とやりたいことや志望動機などを話し合うのは、あくまで発表やプレゼンテーションの練習であって分析ではありません。もちろん、他人に話をしているうちに自分の頭の中が整理されたり、他人が見た自分がどんな風なのかを知ることができたり、ということはあります。

しかし、所詮《しょせん》それはサポート的な部分であり、**自分自身で自分自身のことを考えてみなければ自己分析とは言えません。**

そういう意味で、彼女はおそらく、まだ自己分析をきちんとしていないから、抽象的なことしか話せなかったのだということがすぐにわかりました。そこで、水野さんのことをもう少し知るために、79から84ページに例示した「自分取材のための手がかり」の項目にいくつか答えてもらいました。その答えの中から、気になるポイントを挙げていきます。

- あなたの長所は何ですか?
  「思いやりがあることと、好奇心が旺盛なことです」…①
- あなたの短所は何ですか?
  「自己完結しており、人に伝えるのが下手。勧誘や説得が苦手」…②
- これまでに最も(最近)うれしかったことは何ですか?
  「教育実習で子供達と一つのことに結果が出せたこと。実習の最後に生徒も先生も温かく見送ってくれたこと」…③
- 今一番関心のあることは何ですか?
  「いかにして人のモチベーションを上げられるか」…④
- 尊敬する人は誰ですか? それはなぜですか?
  「女手で働きながら育ててくれた母」…⑤
- これまでに最も(最近)悲しかったことは何ですか?

「おばあちゃんが亡くなったこと」…⑥

水野さんの場合、「自分取材のための手がかり」の項目についての答えでも、やはり具体性に乏しいという印象を受けます。

①の「思いやりがある」「好奇心が旺盛」という答えが抽象的だということは、客観的に見ればすぐわかります。だから、「何かエピソードとして挙げられますか」と尋ねましたが、きちんとした答えが返ってきませんでした。

抽象的な言葉を使う時は常に、「なぜ、そう言えるのか」と分解して、自分の経験の中からその事例を探し出す必要があります。自分に対して「なぜ、そう言えるのか。それについての具体的なエピソードはあるか」と取材してください。

また、②の答えからは、彼女の志望する教育や人材系の業界はまさにコミュニケーション力が大事な職種なので、果たしてやっていけるのだろうかという不安がよぎります。

しかし、一方で③④からは、教育や人に対する関心が強いことがうかがえます。

そして⑤⑥からは、第一印象と相俟《あいま》って彼女の人柄に好印象を受けました。

面接官は一般論や経験の羅列を聞きたいのではない

簡単な取材をしているうちに、彼女は「教育」面に志望を絞り、面接ではその辺りのエピソードを中心に人柄や資質を訴えていくのがよいのではないかと筆者は感じました。

そうした点に自分で気付き、打開策を練ってもらおうと、再度「自分取材のための手がかり」の項目に、じっくり考えて答えてもらいました。

その際、気をつけるべき点は、「重要なポイントを掴む」ことです。彼女の場合、アピールすべき能力以外で、重要なポイントは「教育」だと考えられます。それに的を絞って改めて書いてもらった一分バージョンの自己ＰＲと志望動機が次のものです。

仮修正版　自己PR　一分バージョン

私の強みは、すべきことを責任を持って担《にな》ってきたことです。私は、大学入学時から社会科の教師を目指し、[D]それに力を入れてきました。特に、ゼミでは『実践教育学』というテーマで、実際に教育関連の仕事に就いた時に、自分だったらどう対処していくか、という実践に根付いた[E]議論をしてきました。具体的には、私はプロジェクトチームで、ゼミ生のモチベーションを上げるために、毎回のゼミの考察をして次回どうしたらいいかを検討したり、ゼミ生に議論点を出してもらうことで全員が主体的に参加できるような[F]環境づくりをしてきました。それ以外にも、学外で学校見学を企画したり、採用試験向けの勉強会を企画して、自分達にとって有益だと思うことは、どんどん[G]推し進めてきました。

仮修正版　志望動機　一分バージョン

私は、日本の教育を変えていきたいという強い意志があります。というのも、ゼミの勉強や教育実習を通して、学校の内外に[H]様々な問題点があることを知り、今の[I]日本の教育には倫理や心を育成するような要素があまりにも少な過ぎると考えました。具体的に言えば、今の中学生・高校生には自分が将来思い描くような[J]大人像を見つけることができない。将来の大人となる人材が将来の展望を持てないで、大人になっていくのはあまりに損なことでかわいそうだと思います。ですから、私が大人と子供の接点になって、いろいろな形での「生き方」探しを提供していきたいと考えます。

自己ＰＲについては、最初に話してもらったもの（153ページ）に比べれば、「教育」

という重要なポイントに焦点を絞った点で具体的になってきましたが、傍線部ＤＥＦＧでわかるように「〜してきました」という事実の羅列に過ぎません。**面接官は「この人のことを理解してあげよう」と思ってくれるほど親切ではありません。**だから、再三言ってきたように、「私はこういう人間だから御社に貢献できる」ということを魅力的に伝えなければならないのです。

第三段階の「重要なポイントを掴む」ところまではなんとかコツを掴めてきたようですが、ストーリーが全くできていないというわけです。

また、志望動機については、ストーリー以前に、内容が曖昧過ぎるし、「だからなんでうちの会社なの？」に答える部分がまるでありません。

傍線部ＨＩＪの部分は、極端に言えば水野さんじゃなくても話せることです。**面接官が聞きたいのは一般論ではなく、「あなたが、なぜそう思うのか。何を経験したからそう思うのか」という「あなた自身のこと」**なのです。

それから、彼女は志望を「教育」に絞れば、自分の資質や志向と志望企業がフィットするのですが、「じゃあ、何で教師にならなかったの？」という部分が、依然ネックではあります。志望動機や自己ＰＲでも、その部分はクリアにしておかなければなりませんし、雑談的な質問で面接官に尋ねられる可能性は多々ありますので、理由付けのロジックをきちんと準備しておくことが重要です。

そこで、彼女の答えた「自分取材のための手がかり」の項目の中で、自己PRなどに生かせるかもしれない、と私が目をつけたものを簡単に提示してみました。

・あなたの長所は何ですか？　それを物語るエピソードはどんなものですか？

「常に相手の立場に立って物事を考えた上で、何事も自分の頭で解釈し、自分らしいやり方で実践しようとする点です。教育実習の時に、担当の教員に指示される通りの授業をするのではなく、K自分が生徒だったら、どんな授業がわかりやすくおもしろいかという視点で展開していきました」

・今一番関心のあることは何ですか？　それはなぜですか？

「教育です。今の日本の教育は、文部科学省がいくら方針を打ち出したところで、偏差値教育に偏っていて、自分の頭で考えたり、人に思いを伝えたりすることの大切さを教える状況にないと思うからです。L一人一人の個性が生かされず、心の豊かさを養えない現状を打破する方法はないのか、大変関心があります」

・尊敬する人は誰ですか？　それはなぜですか？

「一人は母親です。昼間は家族のために正社員として働き、夜は家事をこ

＊まだ具体的にできる！
K　どんな授業がわかりやすくおもしろいのか。それを書かなければ一般論で終わる。
L　一般論でまとめない。あなたが、何を見て、どういう経験から実感したか、それが知りたい。一つでいいから例を挙げる努力をする。

なす、本当にタフな人だと思うからです。もう一人は中学校の時の担任の先生です。私が教育に興味を示すきっかけとなった人だからです。[M]『けじめ』がしっかりつけられる人で、とても優しいのに、間違ったことには本気で怒る人でした。陰でものすごく努力をしているのが感じられ、憧れました」

・これまでに最も（最近）頑張ったことは何ですか？

「ゼミの中で共同研究の際の調整役をしたことです。最初はみんながまとまらず、一部の人だけが意思表示をするだけだったのですが、それでは共同研究の意味がないと思い、私が一人一人の意見を聞き、方向性を見出す役を買って出ました。[N]気配りや根気の必要な作業でしたが、[O]ゼミの先生にも誉められる研究結果に結びついたので、頑張った甲斐《かい》があったと思っています」

・これまでに最も（最近）感動したことはなんですか？

「教育実習の最後に担当の先生や生徒達から、[P]『教育者の素質があるし、向いているから頑張れ』『親身になって相談に乗ってくれて学校に来るのが楽しくなった』などと言われ、温かく見送られたことです。広く教育という分野に関わっていきたいと改めて思いました」

M　なんとなく、言いたいことはわかるが、あなたが思うほどその先生のよさが伝わってこない。誰にでもわかる先生のエピソードを用意する。

N　どんな気配りをしたのか。どれだけ根気が必要だったのか。それがどれだけ困難かわかるように書く。

O　誉められたことはセールスポイント。あなたの努力がどういう点で実を結び、何を誉められたのか、きっちりとアピールする必要がある。

P　なぜ、先生や生徒達からそう言われたと思うか。人に認められるに至ったエピソードは重要。

・大学二年生の頃はどんな生活をしていましたか？

「[Q]耳が不自由な子供に国語、算数などを教えていました」

・ゼミではどのようなことを学んでいますか？　なぜ、そのゼミを選んだのですか？

「実践教育学を学んでいます。教育に携わる者として、子供や人々のために自分が何をできるのか、学びたいと思ったからです」

・バイトを通してどのようなことを学んでいますか？

「どんな仕事でも、上から言われた通りにやるのではなく、[R]臨機応変に工夫してやるべきだということを学んでいます。また、[S]ものの言い方一つでも、言われた側の感じ方や仕事のはかどり方も変わってきてしまうので、気をつけなければならない、ということも学びました」

これらのポイントをうまく利用すれば、上手くまとまっていくのではないでしょうか。まずは、能力がアピールできそうな部分をピックアップしてみましょう。

「問題解決力」や「行動力」は「長所」の部分に書かれている「何事も自分の頭で解釈し、自分らしいやり方で実践する」や、「バイト」のところで書かれた「臨機応変に工夫してやる」や「頑張ったこと」で書かれている「ゼミの共同研究の際の調整役」のエピソードを押し出せばいいでしょう。

＊まだ具体的にできる！

Q　特殊なエピソードもセールスポイント。なぜ、教えようと思ったのか。どういうふうに教えたのか。そのためにした努力は何か。より深く取材をしていく。

R　あなたが「臨機応変に工夫して」やったこととは何か。

S　ここまで言えるのなら、具体的なエピソードがあるはず。より、聞き手にわかるように工夫して書く。

ビジネスに必須の能力に沿っているエピソードを持っているということ、すなわち「御社に貢献できます」と主張するための題材が確認できたところで、第四段階の「ストーリー化」に入っていきます。

抽象的な言葉は、エピソードを肉付けして具体化せよ

まずは、もう一度、使えそうなポイントを簡単に挙げてみます。

- 自分の頭で創意工夫をする人間だ。教育実習の方法や耳の不自由な子供に教えるための教材も自分なりに考えた。
- 「教育」という自分の興味のあることを実体験を通して学習するための努力をしている。教育実習への参加や耳の不自由な子供の勉強も見ている。
- 気配りができ、根気がある。自ら買って出たゼミの調整役としても成功した。

「教育」という志望を念頭に持ちつつ、これらの三本柱を使っていけば、落としどころが見えてきたようです。水野さんにそのことを理解してもらった上で、早速ストー

リー化してもらいました。

私は創意工夫をする人間だ

なぜ、そう言える？ ← 教育実習やバイトでも創意工夫を実践した

根気や調整力にも自信がある

なぜ、そう言える？ ← ゼミの調整役になった

だから、社会人になってもこれらの性質を生かして「御社に貢献できます」

そして、いよいよ最終段階です。ここまで作ってきたストーリーをもとに水野さんが、抽象的な言葉には「なぜ、そう言えるのか？」というエピソードを盛り込んで原稿化した結果が次のものです。

最終版　自己PR　一分バージョン

私は、何事も創意工夫をするのが好きな人間です。小学校で、教育実習を行なった時にも、マニュアル通りにではなく、生徒の立場に立った授業を実践し、生徒や

先生から好評を得ましたし、バイトで耳の不自由な子供の勉強を教えた際にも、図や絵などの多い教材を使うなどして、健常者の子供たちに遅れをとらないような手助けをしてきました。このように、臨機応変に対処することと常に相手の立場を思いやる気持ちには自信があります。また、まとまりのなかったゼミの共同研究も、自ら調整役を買って出て、試行錯誤の結果、みんなが意見を出し合える場を作り、研究の方向性を導き出すことに成功するなど、忍耐力と調整力も持ち合わせていると思っています。社会人になっても、まわりの人への気配りを忘れずに、状況を見極めた創意工夫を粘り強くやっていきたいと思っています。

内容的には、彼女の157ページの自己PRと大きく変わりませんが、ポイントを絞り、ストーリー性を意識して原稿にしたことで、アピールポイントがずいぶんわかりやすくなったのではないでしょうか。

同じ要領で志望動機についてもストーリーを考えてもらいました。ここでは、三つの能力ということも忘れてはなりませんが、「フィッティング」について意識しなければなりません。

私は中学の先生の影響で教育に関心がある

←

日本の教育を変えたいと思い、できることを実践してきた

なぜ、そう言える?

←

ゼミや教育実習

教師としてよりも深く広く教育に関わりたい

なぜ、そう言える?

←

実際に教えてみて教材や学校以外の場所の重要性を知った

教材だけでなく、教育関連のイベントを主催している御社と私のやりたいことは「合っています」

ストーリーとしてまとまってきました。筋道はできたので、肉付けして原稿化してもらいました。

最終版　志望動機　一分バージョン

私は、中学時代の先生の影響で、以前から教育に関心を持ってきました。その先生は、やさしさと厳しさを併せ持ち、いつも私達生徒一人一人のためになるように

と、努力してくれる先生でした。私も、日本の教育を、自分の頭で考えることの大切さを教え、個性を生かして心を豊かにしていくような教育にしたいと思い、ゼミでは、『実践教育学』を研究し、教育実習でも自分なりの授業を模索しました。教育実習で、生徒から「親身になって相談に乗ってもらえて、学校に来るのが楽しくなった」と言われたときには本当にうれしく思いましたが、特定の生徒と接する学校の先生より、もっと広く深く、子供達と関わっていく仕事がしたいと思いました。そして、子供達の心の成長に役立つ教材やイベントを企画している御社に入社するほうが、私の志向を満たし、自分が体得してきた教育観を生かしていけると思い、御社を志望しました。

こちらは、最初に彼女が書いた志望動機と比べたら、見違えるほどよくなったのではないでしょうか。

立教大学　芹澤《せりざわ》浩之君（仮名）の自分取材

芹澤君データ

立教大学経済学部

志望　人材系・広告代理店・いずれは起業したい

就職活動歴　これから

下川チェック

自己分析　全くしていない

第一印象　ちょっと擦《す》れてそう、自信家で自意識過剰な感じ

全体的な印象　やりたいことは、はっきりしているが、それ以外の自己分析が皆無《かいむ》

キーワードばかりで具体的説明に乏しい

自信が表面に表れ過ぎ

表現の仕方に注意が必要

芹澤君は、自分で大学の授業の情報や周辺の会社やお店情報などを学生に提供す

るサイトを運営するなど、三つの団体に所属して活動している、ある意味パワフルな学生です。ですから、本人もかなり自信を持っているのがよくわかります。

案の定、会話の中で、「僕は普通の学生と思っていただくとちょっと違うと思います」「企業が僕を採らなくて誰を採るんだって思いますよ」という発言があったので、「そう思ってると思ったよ」と返しました。

すると、彼は慌《あわ》てて「偉そうでした？　謙虚になります」とかしこまっていたので、鼻持ちならない奴ではないのでしょうが、「コミュニケーション能力」という面でも面接の際には気をつけなければならない点です。

彼の場合、まさにこれから就職活動を始めようという段階で、何の準備もしていませんでした。当然、ＯＢ訪問も企業研究もまだです。そういう状況であることを前提に、人材系の会社を受ける際の自己ＰＲと志望動機を話してもらいました。初めてなのでしどろもどろでしたが、まとめると以下のようなことを言っていました。

修正前　自己PR／志望動機

僕は[A]行動力と統率力があり、場を盛り上げるのが得意です。物よりも人に興味があり、[B]クリエイティブなことをやりたいと思います。人材系の会社に入ったら「逆求人」を実現したいです。

初体験の芹澤君としては当然かもしれませんが、彼もまた具体性に乏しいというか、A「行動力」だのB「クリエイティブ」だのキーワードに終始しています。そこで、彼のポテンシャルを探るべく、芹澤君にも79から84ページの「自分取材のための手がかり」の項目をいくつか尋ねてみました。

「あなたの長所は何ですか?」などの質問事項の際に再び、「行動力」や「統率力」といったキーワードが出てきたので、具体的に例を挙げてもらいました。すると、「行動力」に対しては「立教ナビという大学関連や周辺情報サイトを二週間で立ち上げた」という答えが返ってきました。

「統率力」については、ずいぶん考えた末、「メーリングリストで呼びかけると後輩からすぐに返事が返ってくる」とのこと。

「行動力」の面では、エピソードにもう少し肉付けして化粧すれば、かなりよい裏づけになりそうですが、「統率力」については、キーワードに対して内容が力負けしています。

それから、芹澤君の場合、長所や関心など全てが自分の運営しているサイト活動に関するものでした。それはそれで自分が進みたい進路と合っているので、「フィッティング」としても悪くないのですが、それ以外の答えがあまりに陳腐《ちんぷ》なので少し心配になりました。

例えば、短所が「女に甘いこと」だったり、苦手なことも「女」、うれしかったことは「女と仲直りできたこと」など、「女」という言葉が羅列されました。

また、「感動したこと」で『シンドラーのリスト』や『フォレストガンプ』といった映画を挙げたことも気になりました。「女」にしても、「映画」にしても、表現の方法を含め、本当にそれが一番の自分の短所であったり、感動したことであったりするのか、じっくり考えてみる必要がありそうです。

自己分析が足りないと、浅はかさが出てしまう

芹澤君は、確かになかなかエキサイティングな活動もしているようだし、その延長線上に志望職種があるという意味ではよいと思うのですが、それに対する過信から、自分自身をきちんと見つめることを疎《おろそ》かにしているようです。だからこそ、冒頭で指摘したように、自意識過剰なところが表面に出てしまっているなど、厳しい言い方をすれば、底の浅さのようなものが出てしまっているのだと感じました。そのため、もう一度、自分自身の情報を再収集する必要があります。

そこで、芹澤君にも再度「自分取材のための手がかり」の項目をじっくり考えても

らった上で、改めて自己PRと志望動機を一分バージョンで書いてもらいました。

仮修正版　自己PR　一分バージョン

僕は自分で考えたことを実現させるのが好きな人間です。例えば、大学二年生の時に、「立教ナビ」という大学生向けのポータルサイトを作りました。これは大学と地域と学生を結びつけて、それぞれを活性化しようというコンセプトで始めたものです。他には「JOB-REVOLUTION」という団体に入っていました。そこでは主に「逆求人」というイベントを開いていまして、学生がブースに座って企業の人事の方がそこを回るというイベントです。そこで僕は、それをウェブ版でできないかと思い、早速逆求人のウェブ版に取りかかりました。以上のようにあるアイデア・コンセプトを試行錯誤しながら実現させることが好きな人間です。

仮修正版　志望動機　一分バージョン

学生時代に「JOB-REVOLUTION」という団体にいまして、「JOB-REVOLUTION」というのは主に「逆求人」イベントを開いている団体です。逆求人というのは今までの採用システムと違って、学生がブースを設け企業の人事の方が各ブースを回るというイベントです。なぜそのようなイベントをしているのかというと現代の就職が

〝就飾〟になっているからです。というのは、実際には自分が受ける企業に合わせて自分を飾り偽っているということです。これが現代の入社三年以内の離職率三〇％という高い数字に表れる原因、つまり、結果的に就職のミスマッチに結びつくのだと考えております。そのミスマッチを解消するのが、僕がやっている団体のコンセプトであります。これらの就職のミスマッチは社会的問題であり、何とかして変革する必要があります。そしてそれに関わっている御社にも社会的責任があるかと思われます。その社会的責務をぜひ御社で実現させたいと思っております。僕はアイデア・コンセプトを試行錯誤しながら実現させることが好きな人間です。ぜひ御社で実現してみたいです。

言いたいことはわからないではありませんが、単にやったことの羅列になってしまっていますし、ダラダラとした印象がかなりあります。ストーリーとして苦しいですし、志望動機のほうは特に長過ぎます。やはり、ポイントを意識しつつ、エピソードを有効活用していく必要がありそうです。

次に、彼の「自分取材のための手がかり」の項目の中で、私が生かせそうだと感じた部分を挙げてみました。

●あなたの長所は何ですか？　それを物語るエピソードはどんなものですか？

「考えたことを試行錯誤して、行動に移すことができるところです。大学二年生の時に立教ナビという大学生向けのポータルサイトを作りましたし、行政とタイアップして豊島区に在住しているお年寄りを対象に、ＰＣ教室を主催していました。このＰＣ教室は、ある大手企業とのプレゼン合戦の末、技術をアピールしつつ、コスト面と身近なイメージをウリにして勝ち取ったものです」

●これまでに最も（最近）熱中したことは何ですか？　それはなぜですか？

「JOB - REVOLUTIONという団体で行なっている、『逆求人』というイベントの企画に熱中しています。これは、学生がブースに座って企業の人事の方が回って歩くというイベントです。最近では、ウェブ上でできないかと思い、試行錯誤しているところです。なぜそれに熱中するかと言えば、やはり自分の頭で考えたことを実現させていく面白さがあると思いますし、私を含めて学生がより幸せな就職ができるよう、助けになれると思うからです。C学生側の主張と企業の方の要望との接点を見出す窓口となるのは、とても骨が折れますが、面白いし、視野が広がります」

●これまでに最も（最近）感動したことは何ですか？

＊もっと具体的にできる！

C　どういうふうに困難なのか、自己ＰＲの後の質問も想定して具体的にしておこう。

「お年寄り向けのパソコン教室を開いた時に、全くパソコンに触れたことのないお年寄りにわかってもらえるようみんなで試行錯誤した結果、『[D]わかりやすくてよかった、また来たい』と言ってもらえた時、やっててよかったと思い、感動しました」

・ゼミではどのようなことを学んでいますか？ なぜ、そのゼミを選んだのですか？

「企業の特にパソコン産業の経営戦略を学んでいます。内容に興味があり、優秀なゼミ生が集まっていたからです。論文の論証の仕方や論理的な思考能力を身につける練習にもなっています」

・どんなスポーツ（見るのも含めて）が好きですか？ それはなぜですか？

「[E]部活でやっていたラグビーが好きです。なぜなら小さくて弱そうに見える人が巨人にぶつかっていく姿がかっこいいし、そんな勇気あるチャレンジャーでありたいと思うからです」

・三十年後はどのような人になっていたいですか？

「今の自分というか、初心を忘れないビジネスマンでありたいと思います。大好きな『ビジョナリーカンパニー』という本に出てくるような、時代が変わっても、環境が変わっても不変の『変わらない理念』を持ち続けつつ、アグレッシブでいたいと思います」

D　人から評価されたエピソードは重要。どこがわかりやすかったのか、もう一度、自分取材しておこう。

E　自分が部活でやり遂げた実績もあれば書く。何を聞かれても自分の実績に結びつかないか考える。

では、この中で使えそうな部分をピックアップしてみましょう。

「問題解決力」は「長所」の部分に書かれている「立教ナビ」や「パソコン教室」のくだりで、試行錯誤の結果、自分たちのウリを見出して勝ち取ったこと、また、「最も熱中したこと」の「逆求人」の際に、「学生と企業との接点となる役回り」のエピソードが役に立ちそうです。

「行動力」も、「立教ナビ」『パソコン教室」や「逆求人」で、仲間と協力してお年寄りや学生、企業のために働いていることをアピールすればいいでしょう。

芹澤君は自分でいろんなことに積極的に参加しているので、五感で得た情報がたくさんあるはずです。

いかに困難な経験だったか、それを具体的に抽出すれば、自ずと「能力」が浮かび上がってくるはずです。

面接の時間を一秒たりとも無駄にするな

次に「ストーリー化」に移りましょう。まずはもう一度、使えそうなポイントを簡単に挙げてみます。

・自分の頭で考えたことを実行に移すのが好き。「立教ナビ」や「逆求人」のウェブサイト、「パソコン教室」なども実現させた。

・広い視野を持って、お年寄りや学生、企業の方、それぞれの立場に立って物事を判断し、それぞれの役に立てるよう努力できる。

・ラグビーで培ったチャレンジ精神と共に、自分がやっている活動を継続させる持続力がある。

これらのポイントを踏まえ、芹澤君にストーリー化してもらいました。

私は自分で考えたことを実現させるのが好きだ

なぜ、そう言える？
←「立教ナビ」を作った

やりたいことのために戦略を練り、試行錯誤できる。リーダーシップもある

なぜ、そう言える？
←パソコン教室

だから、目標を達成するために、常にベストを尽くすことで「御社に貢献できます」

続いて原稿化もやってもらいました。それでできたのが、次のような自己ＰＲです。

最終版　自己PR　一分バージョン

僕は自分で考えたことを実現させるのが大好きです。例えば、大学と地域と学生を結びつけて活性化させたいと考え、「立教ナビ」というポータルサイトを作りました。地域のお店への営業や、大学の授業の休講情報を毎日更新させなければならないなど、肉体的にも精神的にも厳しい時がありましたが、継続し、今では大学のオフィシャルサイトのような位置付けに成長しています。また、目的のために戦略を練り、仲間を引っ張っていくことには自信があり、豊島区とのタイアップで、お年寄り向けにＰＣ教室を開いた時は、ある大手企業とのプレゼン合戦の末、技術面だけでなく、コスト面や身近な学生というイメージをウリにして勝ち取りました。内容もお年寄りに合うよう仲間と試行錯誤を重ねて工夫を凝らし、好評を得ることができました。このように僕は、どんな時も目標を設定し、それを達成するために、アンテナを広げ、ベストを尽くす人間です。

同じように志望動機もストーリー化してもらいました。

雇用のミスマッチが問題視されている。学生側にも企業側にも問題

なぜ、そう言える？ ← 入社後三年以内の離職率が三〇％

その解消のために、「逆求人」のイベントをやってきた ←

今後も経験と実行力を生かして雇用問題に取り組んでいきたい ←

御社は雇用情報などで学生・企業への影響力が大きいので、「私のやりたいことと合っています」

ポイントを押さえ、ストーリーができたところで、いよいよ原稿化してもらいました。

最終版　志望動機　一分バージョン

雇用のミスマッチが問題視され、離職率が三〇％にも上る現在、僕は、僕を含め

た学生達が、どうしたら幸せな就職ができるだろうかと思い、「逆求人」のイベントをやってきました。これは、学生側がブースを設け、そこを様々な企業の方が回っていくというものですが、学生と企業との接点を模索し、多様な中小企業やベンチャーにも学生の目を向けさせる意味で、有意義だったと思っていますし、こうした問題を解決することは、学生だけでなく、各企業や日本経済全体のために必要不可欠だと確信しました。僕は今後も、これまでの多少の経験を生かしつつ、ラグビーで養った不屈のチャレンジ精神と持ち前の実行力で、少しずつでも雇用システムを変革していきたいと思っています。そして、最も多くの雇用情報と影響力を持ち、かつ、自由闊達《かったつ》な社風である御社で、学生が広い視野を持って本当に自分に合った会社を選べるような環境作りをしたいと思い、志望しました。

言葉が多少堅いようですが、後は本番の「コミュニケーション力」で押し切ればなんとかなるのではないでしょうか。

ここでは、皆さんが「自分取材」をし、能力をアピールできるプレゼンテーションをする際の手助けになればと思い、二人の学生の実例を見てきました。二人とも特別な学生ではありません。**「普通」の中から、いかにポイントを探していくか、それ**

が大切な作業であることをわかっていただければと思います。

オンラインであれ、対面式であれ、面接時間は限られています。自分が話すことの一つ一つが、無駄なく自分自身を表すようにしなければ、もったいないのです。**自分取材の際には、あくまでも面接を想定して考える**よう気にとめておいてください。

第5章　ロジカルポイント

◆抽象的な言葉を並べても面接官の心には響かない。「なぜ、そう言えるのか」に答えられるように具体的なエピソードを加える。

◆情報が足りなければ、自分取材の第二段階「幅広い多くの情報を集める」に戻る。

◆単なる経験の羅列はダラダラとした印象しか与えない。

◆普通の経験の中からポイントを探す作業が大切。

◆オンラインであれ、対面式であれ、面接時間は限られている。話す内容一つ一つが、無駄なく自分のアピールにつながらなければもったいない。

Logical Point

●あなたの自己ＰＲと志望動機●

＊最後に学んだことを生かして、あなた自身のプレゼンテーションを完成させてください。

自己ＰＲ

志望動機

おわりに　アフターコロナ時代に「自分」を見出すために――

報道記者がなぜ面接対策本を書いたか

著者の一人である私は、日本テレビに入社以来、ほとんど報道局の社会部というところに所属しています。社会部は、事件・事故・災害から生活情報や文化、科学など政治・経済以外のネタを広範囲に扱う部署ですが、私はその中でも主に、オウムなどのカルト宗教事件、殺人・誘拐の刑事事件から脱税など経済事件の取材や解説等をしてきました。

最近は日本テレビの情報番組のコメンティターなども務めていますが、二〇二〇年初頭から生じた新型コロナウイルスの感染拡大によって、蜜を避けるために、生放送のスタジオさえも出演者やスタッフの人数を減らして自宅や別の場所から最低限の人数でオンラインで参加することが当たり前のようになりました。私自身も何か月もほぼオンラインでの出演でした。

ともあれ、そんな私が、なぜ今回、面接対策本に携わっているのか、不思議に思う方もいるでしょう。

私がこの本を書くに至った最も大きな理由は、単純に少しでも多くの学生さん達のお手伝いをさせていただきたかった、ということです。たまたま私は、若手社員の頃、就職活動の学生さん達と接する機会をかなり多く持ってきました。ＯＧ訪問や、会社の上司や知り合いに頼まれるなど、テレビ局志望や記者志望の学生さん達と会うことが多かったのです。さほど歳の離れていない女性のテレビ記者ということで、本人も紹介者も頼みやすかったのかもしれません。

しかし、私はそういう学生さん達に対して、かなり厳しい印象を持ちました。私が会ったほとんどの人に対し、失礼ながら「このままでは、希望通りの職種には就けないだろうな」と思ったのです。

私が数年間で会った学生さんは四十人くらいでしょうか。その中で、「この子はもうちょっと頑張れば希望通りいけるのでは」と思ったのは二人だけでした。そのうち一人は現在、私の会社の後輩になっており、もう一人も別のテレビ局に入社しました。

この二人と、他の学生さん達との差は何だったのでしょうか。それは一言で言えば、「いかによく考えているか」ということです。

前述の二人は、自分自身のこともテレビ局のこともきちんと考えていたし、一所懸命知ろうとしていました。自分自身を知った上でやりたいことを見つけていたので、私は彼らが知らない報道の現場の話やテレビ局内部の話などをした上で、方向性だけ示してあげればよかったのです。

しかし、その他の学生さん達は、大雑把に言ってしまえば、「自分が何をやりたいのか、どんな仕事が向いているのかわからないけれど、とりあえずテレビ局も受けてみたい」という感じにしか、私には見えませんでした。はっきり言って甘かったのです。自分のこと、将来のこと、仕事のこと、各企業のこと……などをきちんと考えた形跡が見られませんでした。

非常に不幸なことだと思いました。それは学生さんにとっても企業にとっても、です。学生側からすれば、自分にとってもっとハッピーな職種や企業に入るポテンシャルを持っていたにも関わらず、それに気付かなかったとしたら不幸ですし、企業側も役立つ人材を見逃したとしたら大損です。

最近では転職が珍しくなったとはいえ、最初から相思相愛《そうしそうあい》の就職ができるに越したことはありません。

就職活動の時期を、単に「会社に入るための苦労の時期」と捉えるのは間違いです。詰め込んだ知識で何とか乗り切るのではなく、自分自身の力を見出し、頭を使って考えることに時間と労力をかけられるチャンスの時だと思って欲しいのです。

我が身を振り返っても、就職活動をしていた頃が、人生で最も深く自分を見つめ、意識的にいろいろなことを考えていたという自負があります。その時に身に付いたであろう「考える癖」が、取材をする上でも、プライベートで人とコミュニケートする上でも大変役に立っています。

とにかく、頭をフル回転させてください。本当の自分とは何か。本当に自分のやりたいことは何か。今するべきことの優先順位は……。本書で示してきた通り、それを実現できる人材が、社会で必要とされると痛感するのです。

アフターコロナ時代でも役立つ就活ファッションの個性追求

では、なぜ学生さん達は自らの頭で考えられないのでしょうか。その原因を思うにつけ、どうしても数多《あまた》あふれる就職活動のマニュアル本の影響が見え隠れするのです。

私が就職活動をしていた頃にも、すでに面接本は何冊もあり、友人達もそれらを次々と購入していました。

しかし、結局それらはお守りのような存在に過ぎず、「役に立たないかもしれないけれど、みんな買っているし、なんとなく持っていないと落ち着かない」から購入していたのです。大学受験でも、某予備校の先生が出している英文集や英単語集などは、ほとんど何十年も変わらぬまま出版され続け、受験生の多くが持っているものの、実際にそれを全てやっている学生はほとんどいないのと同じ現象です。

ベストセラーとなっているものを含め、ほぼ全ての就職マニュアル本が益になりません。それは、著者の独断と偏見の羅列に過ぎないからです。「系統立ててどう考えるべきなのか」を指南するのではなく、知識を羅列しているだけだから、それをいくら読んでも学生さん達は応用が利かないのです。読み物として面白いものはありますけどね。

その典型的な表れが服装です。以下の指摘は、アフターコロナ時代の「オンライン面接」の時にはあまり必要ない知識かもしれませんが、だからこそ身につけてほしい「面接の知恵」です。最終面接はやはり「フェイストゥーフェイス」でやるという会社もあるでしょうから。

まず、「就職活動中の女子学生」と言うと、画一的《かくいつてき》なイメージが頭に浮かんでしまいます。「紺《こん》のスーツで、スカートは膝丈《ひざたけ》のタイトスカート。髪の毛は後ろの低い位置で一つに束《たば》ね、靴は黒の三センチヒール。黒のショルダーバッグにビニールの書類ケース」で歩いている若い女性を見れば、すぐに就職活動中であることがわかりますよね。

ここに象徴される画一的なイメージは、まさに既存のマニュアル本の弊害《へいがい》だと思いました。「本当にその服装でなければいけないの？」「本当に面接でその話をしてはいけないの？」と当たり前のことを考える余地をマニュアルが失わせているのです。

では、例えばもし、私が現在就職活動中の学生で、既存の概念に囚われることなく、服装などをどうするかといえば、まず髪の色は真っ黒にはしません。あまり明る過ぎない茶色にします。もともと真っ黒い髪の毛ではないので、黒くすると自分で違和感があるし、きつい印象になってしまうので、清潔感を失わない程度の濃い茶色にします。そして、ロングヘアのツヤを意識しつつ、お辞儀などをしても邪魔にならないよう、ハーフアップ（髪の上部だけを一つにまとめて留め、それ以外は自然に垂れさせた髪形）にします。真夏の暑い時期は、高すぎず低すぎない位置でポニーテールにするかもしれません。

それから、グレーのスーツはもともと似合わないと思っているので、絶対に選びません。少しでも賢そうに見せたいし、大好きな色なので紺色を選びます。

スカートはタイトではなく、台形スカートかボックススカートに近いものにします。タイトスカートは、履きこなしの難しいスカートです。きれいな細い足やお尻をより美しく見せてはくれますが、太過ぎたり細過ぎたりする足やお尻だと、欠点がより強調されます。ですから、普段から着慣れている人やスタイルに自信のある人以外は、やめておいたほうがよいと私は思っています。

日頃とあまり違和感のない、なるべくリラックスしやすい形で「キチンと見える」恰好《かっこう》ならば、それで良いのではないでしょうか。よく、女子学生が慣れないタイトスカートで大股歩きやガニ股歩きをしたり、お尻の辺りをシワシワにしたりして歩いているのを目にしますが、かえってだらしなく感じてしまいます。私も、お尻や足には自信がないし、リラックスしたいのでタイトスカートはパスです。丈は、膝丈くらいが自分の足には合っていると思います。

靴は、引き締まった印象を与えたいのでやはり黒にします。ある靴屋で調べたところ、私の体型には五センチから七センチのヒールが一番バランスよく見えると言われたので、歩きやすさを考慮し、五センチくらいのものにしようと思います。就職活動が終わってからも履けるよう、私好みの、つま先の丸くないシンプルなデザインで、スーツと合うものを選ぶでしょう。

バッグは機能性を重視します。そそっかしい私は、ショルダーバッグ以外に書類ケースだの紙袋だのといくつも持っていては、移動するうちに何かを落としたり、忘れ物をしたりするに決まっています。しかも、ショルダーバッグを肩から提げて面接に臨むことはあり得ないのですから、A4サイズの書類や手帳、化粧道具、財布、筆記用具などが十分入るくらいの革のバッグを一つ持とうと思います。色は、靴に合わせて黒で、ブランドのロゴが目立たないものを選びます。

ストッキングは肌の色よりやや濃い色で、サポート力があるものにします。気持ちも引き締まる気がするし、足をきれいに見せてくれるからです。伝線してもいいよう、予備のものを持ち歩きます。

メイクは健康で明るく見えるよう心がけます。素肌をきれいに見せてくれる薄付きのファンデーションに濃過ぎないピンクの口紅を塗ります。眉毛《まゆげ》は不自然にならないように整え、マスカラは繊維の多過ぎないものを、目元をはっきりさせる程度につけます。顔色が青白く見えることがあるので、ほんのりチークを入れて明るく、若々しく見せます。

けばけばしいのは論外ですが、就職活動だからといって、単に「地味」にすればいい訳ではないと思います。顔や表情というのは、第一印象を左右する重要なポイントです。顔立ちの問題ではなく、好感を与えるような顔や表情に見えることを意識し、何よりも肌のコンディションに気を遣います。ニキビやクマ、くすみのある肌は、面接官に不潔で不健康な印象を与える可能性があり、学生らしさの重要な要因である若々しさが乏しくなります。

爪は短く切り、もともとの爪の色を引き立ててくれるような、透明に近い薄いピンクのマニキュアで清潔感を出したいと思います。面接の時は、話に熱が入ると身振り手振りを付けて話すものなので、面接官の目は手に行きがちです。なので、不潔な手や爪に見えないように気を付けます。

いかがですか? 従来のマニュアル本に出ている「スタイル」と多少違うでしょう。結果として似た部分もあると思いますが、そこに至るまでに過程があることに気付きますよね。

服装や髪型というのはこうでなければならないという定型はなく、一に不快感を与えずに清潔であり、二に学生らしく、三に自分らしくあれば良いのです。そして、常に常識を持って、「これで良いだろうか」と自分の頭で考えていれば間違いはないはずです。

採用において面接は何よりも重視されていると言っても過言ではないでしょう。目の前であれ、オンラインによるパソコン画面であれ、学生の性格や能力、癖、といった素の部分を見極め、自分の会社に向いているか、部下にしたいかを効率的に判断するための場なのです。ですから、面接官が欲しているのは優等生の回答ではありません。面接官が「変化球」の質問を投げるのも、その答えの内容だけでなく、焦った時の対処能力や言葉づかい、発想力など、学生のいろいろな特徴を短時間で知りたいからです。学生にとっては、コミュニケーション能力や自分をいかに知っているかといった、付け焼き刃では対応出来ない力が試されているのです。

「ファッション」の例を挙げましたが、これは就職活動全般に言えることです。既存のマニュアル本に書いてあることは疑ってみてください。自分を一番知っているのも、自分のことを一番考えられるのも自分自身なのです。就職活動の仕方も服装も、話す内容も話し方も、本来、十人十色で当たり前なのです。

ただし、何度も言いますが、常識とマナーは必要不可欠です。特に言葉遣いには気を付けましょう。不自然な敬語を使う必要はありませんが、「やっぱ」「めちゃくちゃ」とか、決して使わないほうが良い言葉がポロッと出てしまっては台無しです。

バランス感覚と考え抜くことが重要

この本は、経歴も年齢も性別も違う、津田久資氏と私の共著というユニークな形をとっています。

だからこそ、バランス感覚のある本が作れると思いましたし、二人の間で「とにかく、自分の頭で考えて伝えろ」という根本のメッセージが同じだったので、コラボレーションによって面白い本を作れると思いました。それぞれの専門分野を生かすことで、少しは学生さん達のお役に立てるのではないかと思ったのです。

記者は、官僚や警察官、弁護士、子供、医師、企業の社長、主婦……年齢も職種も様々な人に取材をする際、その場の雰囲気や取材対象者に合わせて態度や聞き方を工夫します。

効果的にいい話を聞き出すために工夫を凝らすという手法は、面接の時にその場その場で何を要求されているかを見極める、本書で言うところの「コミュニケーション力」に共通しています。

また、女性が関わっている面接本が少ないことも気になっていました。私が就職活動をしていた頃は「就職氷河期」と言われましたが、最近は学生が有利な売り手市場になってきたと言われるものの、女性の就職は男性の何倍も狭き門のままです。

実は私は『テレビ報道記者』(ワック)という本を出版しています。ニュースを報じている人達がどんなことを考え、仕事をしているのか、あまり知られていないテレビ報道の裏側を伝えると共に、業界を問わず働く女性を応援し、共に働く男性が女性について考えるヒントになればと思い、書いたものです。

そこにも書きましたが、働く上でも就職活動でも「男と女は違う」ということを認識した方が良いと思います。それはどちらが上とか下とかではなく、違うということを理解した上で臨んだ方が、効率的に課題に取り組めると実感しているからです。見た目からして、男性と女性は違いますよね？　ＬＧＢＴの方々も含めて、人は常に「男」と「女」を意識し、違いを感じているので、その違いを正しく認識した上で「自分らしさ」をいかに追求していくか、それが実は働く上でも就職活動においても、そして男性・女性にとっても、非常に大切なことだと思うのです。でもこのようなことは、なかなか男性には書きにくいものですよね（笑）。ですから、女性である私が「面接本」を書く意義もあるのではと思ったのです。

一方、津田氏が専門とする「論理思考」というツールは、取材の上でも原稿を書く上でも役立つことを実感しています。というのも、私もビジネスマネジメントスクールで「クリティカルシンキング」や「ロジカルシンキング」といった「論理思考」を学んだからです。

自分のことを見つめ、秩序立った文章にし、相手を説得する上で、論理思考は非常に効果的な手段となるし、就職活動の時から身に付けておけば社会に出てからも便利です。この機会にぜひ習得してしまうことをお勧めしたいと思います。

違いがあるとはいえ、男性も女性も就職活動における戦い方の基本は同じです。マナーと常識を逸脱《いつだつ》しない範囲で自分の頭で考え、判断すればいいのです。そういうバランス感覚と自分で考えることの大切さを、この本の中で津田氏との共同著作という形なら伝えられるのではないかと思ったのです。

よく考えてください。そして、本書が皆さんにとって、自分を見出し、考えるためのヘルプとなれば幸いです。

二〇二一年一月

下川　美奈

特別寄稿

アフターコロナ時代の「オンライン就活」は面接が決め手！

ゲスト：
キャリコンリンク合同会社代表
キャリアコンサルタント
瀧本博史 氏

たきもと・ひろし

キャリコンリンク合同会社代表。年間約2000件の職業相談を行なっている現役のキャリアコンサルタント。学校法人で就職課の責任者として務めた後、2012年より地方自治体の職業相談員を機にキャリアコンサルティングを専門とした活動を開始する。25年以上の実務経験をもとにした「時代の流れをくむ就職・面接指導」を得意とし、国立大学の特任講師や大学内での就職講演も担当。

2015年から支援を行っている箱根駅伝常連校の大学では、相談予約開始と同時にいっぱいとなる「行列ができるキャリアコンサルタント」として、著名企業や国家公務員などの内定者数を毎年塗り替えてきた。これまでの相談実績は3万件超。

現在は、国家資格キャリアコンサルタント希望者育成のため、厚生労働大臣認定講習キャリアコンサルタント養成講座の講師も担当している。取得資格は国家資格2級キャリアコンサルティング技能士（熟練者資格）、産業カウンセラー、米国ＮＬＰ協会認定ＮＬＰトレーナー。著書に『オンライン就活は面接が９割』（青春出版社）がある。

コロナ禍でも就職戦線（売り手市場）に異常なし？

――二〇二〇年初頭から世界中に蔓延したコロナ禍によって、世界は大きく変わりました。コペルニクス的転回というと大げさかもしれませんが、日本では東京五輪の二〇二〇年夏の開催が中止（延期）になりました。就職戦線も大変動。とりわけ、就職活動をする学生は大変なことになりました。長年、キャリアコンサルタントをなさっている瀧本さんからみて、どんな感想を持たれたでしょうか？

瀧本　二〇二〇年の年が明けて、三年次の試験も終り、「さぁ、これから、本格的な就職活動（就活）が始まる！」という三月ごろに、新型コロナウイルス騒動の直撃を受けて、会社説明会は全面的に中止になるし、対面での面接も軒並み中止、大学もロックアウト状態になり、一瞬にして「先行き不透明」という前代未聞の状況になりました。

かろうじて、二〇一九年の夏ごろからインターンをしていた学生の一部は、コロナが大騒動になる直前の二月ごろに内定をもらっていました。全体の二割弱ぐらいの学生です。しかし、それ以外の八割近い学生は戸惑いと不安に悩まされることとなりました。

新卒採用を全面中止した航空業界（日本航空・全日空）をはじめ、多くの企業・

業種（自動車・電機ほか）が前年度に比べて大幅に採用人数を減らしました。前年度の採用人員より増やしたのは巣籠産業（持ち帰り需要が増えた食料メーカーやスーパーやデジタル・ゲーム業界など）ぐらいでした。

そのため、バブル崩壊後の就職が困難であった、いわゆる「就職氷河期」（一九九三年から二〇〇五年ごろ）や、リーマンショック（二〇〇八年九月）に襲われた直後の二〇一〇年ごろはともかくとして、近年、「アベノミクス」で学生側の「売り手市場」だった就職戦線に異常ありや、なしやという事態が発生しました。

――「大卒内定者11％減」『コロナ・米中摩擦響く』『車や電機、採用絞る』「来春、本社調査」（日本経済新聞　二〇二〇年十月十九日付け）、「大学生の内定率急落69・8％」「10月時点リーマン以来の下げ幅」『新卒採用長引く傾向』『学生オンラインに戸惑い』（朝日新聞　二〇二〇年十一月十八日付け）といった報道がありました。

瀧本　とはいえ、二〇二一年四月入社組の採用環境はまだ学生側には余裕があったと思います。問題は二〇二二年四月入社組の採用環境がどうなるかです。学生には不安が高まっていると思いますが、そんなに神経質になる必要はありません。原則として学生の「売り手市場」は続いていくと私は考えています。

というのも、総務省のデータによると、二〇二〇年七月時には生産年齢人口（十五歳以上六十五歳未満の人口）は七四八七万（総人口に占める割合は六十％弱）ですが、国立社会保障・人口問題研究所の将来推計では二十年後の二〇四〇年には五九七八万人（五十四％弱）にまで減少すると推測されています。要は、少子化が進んでいくために、学生の希少価値は高まり、大規模な経済停滞が起こらないかぎりは、一部の業界を除き、また一時的な衰退などがあるにせよ、企業が学生を選ぶというよりは、学生が企業を選ぶという「売り手市場」に大きな変化はないと思います。

オンライン面接で注意すべき点とは？

瀧本　その証拠にといってはなんですが、不況になると公務員人気が高まると言われますが、二〇二〇年に行われた各公務員試験の実質倍率を見ると、近年低下する一方です。大学入試と違って「無料」で公務員試験は受験できるせいか、応募者はたくさんいても、実際に試験会場に来る人はガタ減り。東京の特別区（23区）の採用試験などは、過去最高の応募者一万四千人に対して欠席者が六千人もいたそうです。ほかにも、神奈川県の上級（行政職）などは、実質倍率はわずか三倍程度でした。「広き門」なのです。

実は、これも、コロナ禍の影響がありました。保健所のＰＣＲ検査体制の遅れや、住民基本台帳に記録されている人に一律十万円を支給するという「特別定額給付金」をめぐって、各自治体のお役所仕事の杜撰さが、諸外国のスムーズな対応と比較もされてクローズアップされましたよね。日本では「マイナンバーカード」保有者が少なかったからだとも言われましたが、市役所などの手作業によるアナログな作業故の給付の大幅遅れなど、デジタル化への対応がなっていないという現状が明るみになりました。それが菅義偉内閣による、デジタル庁の創設などを旗印とした「行政のデジタル化」推進となっています。

民間企業の六割近くが学生との面接で、最初から最終面接までオンラインでやったのですが、自治体はやっと最終段階でオンライン面接を採用するところが若干出てきた程度でした(でも、次年度からは採用する自治体も増えていくことでしょう)。

ともあれ、学生たちはテレビなどで公務員ワールドの旧態依然なシステムを見て唖然としたと思います。公務員人気が低下するはずです。

そもそもなのですが、民間企業などを受ける学生は、もうかなり前からオンライン就活に慣れていました。「エントリーシート」の作成などは無論のこと、SPI(適性検査)なども、自宅のパソコンで受検してきました。

そこに今回のコロナ騒動です。冒頭に述べたように、幕張メッセなどでの大規模な会社説明会などは全面中止、OB訪問もなくなり、対面面接もゼロ。ということで、会社側も学生側もパソコン（スマホ）などを利用したオンライン面接に切り換えることになりました。その対応は、前述のお役所仕事のような「ある日突然に・・・」というわけではなく、両者ともそれへの対応は瞬時に可能だったのです。

――ただ、ＳＰＩ（適性検査）を自宅のパソコンでやるのと違って、オンライン面接は企業も学生も「初体験」。かなり戸惑いやら混乱があったと聞きますが、その点はどうだったのでしょうか？

瀧本　普段はＳＮＳや電話などの通話やＷＥＢサイトの閲覧ぐらいにしか使わなかった自分のパソコンやスマホが、ＷＥＢカメラとマイクを使ったオンライン面接のための「就活デバイス」へと変化しました。これまでも、自宅でＳＰＩを受ける時にパソコンが不調で受けられず失敗したなんてこともありましたが、今回は音声と映像を相手（面接官）と繋ぐわけですから、通信状況には細心の注意が必要となります。

マンションなどの集合住宅では、Ｗｉ-Ｆｉが共用の環境となっていたり、家族が同じ時間にリモートで仕事をしていたり、ゲームなどで複数人がインターネット回線を使用していたりすると、ネットワークへの接続が不安定になることがあります。犬や鳥などのペットなどを飼っている家では、面接中はちょっと隔離する必要もあります。

会社側との面接の最中にせっかく話が弾んだりしていても、万が一にも回線が切断されてしまうと、接続のやり直しを余儀なくされます。万が一復旧ができなかったりすると、日程を後日調整してやり直しなんてことにもなりかねません。

「見た目」よりも「機能優先」でいくべし

――就活川柳として「ウェブ面接　止まる回線　止まらぬ汗」「ウェブ面接　犬がワンワン　僕カンカン」「部屋がない　ＷＥＢ面接は　トイレから」などがありました（笑）。一方、「リモートで　面接するため　出社する」という会社側の川柳も……。

瀧本　その通りのことが実際起きていますよね（笑）。そんなアクシデントが発生すると、就活のスケジュールも狂ってしまうばかりか、選考の順番も後回しとなって、もらえるはずの内定を失うなんていう最悪の事態にもなりかねません。

対面面接をする時にも「遅刻」が厳禁だったように、オンライン面接では「遅延」はマイナスです。オンラインでは映像も通信に使われるため、転送容量が思った以上にかかります。もし、オンライン接続が不調になった場合の一時的な回避策として、その場でビデオをオフにしたり、ギガ不足（通信容量不足）に備えてスマホのオプションや料金プランを見直しておくとよいでしょう。コロナでバイトも減って学生も経済的に大変かもしれませんが、都内に住む学生にしても地方の学生にしても、各企業を訪問する交通費が節約になることを思えば、一時的な通信料金への投資を怠るのは損するだけです。

あと、コロナのために研究室や自宅などからオンライン通信で各種取材に応じる大学教授などをよく見かけますが、よほど通信環境が整っているからかマイクやイヤホンもしていない人もいますね。

でも、学生の面接時にはイヤホンやマイクは必需品です。イヤホンは、多少見栄えが悪くなっても、周りの電波の影響を受けにくい有線のものを使用するのがベターでしょう。聞き取れずに何度も「もう一度お願いします」などとやりあうのは時間の無駄だけでなく、お互いの煩わしさを増すばかりですから。ワイヤレスのイヤホンは他の機器の干渉を受けることで雑音が入ったり、ブツブツと途切れたり、充電していたはずなのに予想外のバッテリー切れを起こしたりすることがあるからお勧めしません。「見た目」より「機能優先」でお願いします。

また、イヤホンはマイク付きのものでもいいのですが、自身の声を聞き取りやすくするためにもマイクは、感度や性能のよいものを選ぶことをおすすめします。可能であればマイクとイヤホンは安定して接続ができるＵＳＢのものを使ったり、マイクはＵＳＢ接続にして、イヤホンはイヤホンジャックから有線でつなぐというように、別々に接続するのもおすすめです。

オンライン面接の準備が整ったらいよいよ本番です。オンライン面接でも通常の面接と同様、「おはようございます！」「こんにちは！」といったさわやかな第一声で挨拶ができると、好感を持ってもらえますし、第一印象もよくなります。

できれば挨拶の後には、「本日はお忙しい中、お時間をいただきありがとうございます！」などの面接官を気遣うお礼の言葉や、「○○大学、△△学部四年の□□と申します。本日はよろしくお願い致します」と自分の所属とフルネームを名乗るのが理想です。

また、オンライン面接ならではの気遣いとして、面接官の動きをよく観察してから「私の声は大きすぎませんか？」などと接続状況を確認する発言をしておくのもいいでしょう。

特に音量に関して確認をする理由としては、面接官側も聞こえてくる音量に対して準備はしているのですが、聞こえなかった時のために少し大きめに設定していることが多く、スピーカーやイヤホンから想像以上の大声が聞こえてくるとお互いにびっくりしてしまうからです。音に関しては慎重に事前の接続確認をしておくべきですね。こういったことは、対面面接では必要がなかった注意点ですが、意外と無視できない点です。

「話すペース」に注意しよう

――ほかにも学生が留意すべき点はありますか？

瀧本　パソコンやスマホの画面の中で話す面接官の目の位置に自分のＷＥＢカメラが設置されていれば、面接官との目線をずらすことなく、目を見て会話することができるのですが、残念ながら今の技術ではそれは難しいので、せめて自分が面接官に向かって話す時だけでもカメラ目線で話をするといいですね。

これはテレビ番組の出演者と同じことですが、相手がカメラ目線で話し続けてくれると自分だけのために話しかけてくれていると感じることができ、それが安心感につながっていきます。話す時にはできれば笑顔をそえて、さわやかで好印象を目指した表情を心がけるとうまくいきます。

あと注意すべきなのは、〝話すペース〟です。学生はどうしても、志望度が高い企業には、たくさんの熱意を伝えたくなるものです。だからといって一方的に早口でベラベラと話しすぎるのは禁物です。なぜなら、採用担当側も最低限の質問事項を用意しているので、学生が話し過ぎると面接時間を奪うばかりでなく、選考の妨げとなってしまう場合があるからです。

また、オンライン面接だと、会話の間合いがとりにくくなり、自分の発言が面接官の発言とかぶってしまったり、面接官の話に続きがあるのに自分の発言で面接官の話を中断させてしまうこともあり得ます。加えて、通信環境の状態によっては相手の声が届くのが遅れたり、映像にタイムラグが生じることもあるので、発言は気持ちゆっくり目に、いつもより間を空けて、確実に自分の発言内容が面接官に伝わるよう心がけるといいですね。

学生間の競争は激化する

二〇二一年四月入社組の就活に関しては、コロナ騒動のために最終面接までオンラインでやり、一度も対面面接をしなかった企業が六割でした。内定式もオンラインでやったところもありましたが、二〇二二年四月入社組の就活に関しては、この動きも緩和され、最終面接や内定式は、さすがに対面式で行なう企業も増えると思います。オンライン面接ばかりやっていると、今度は対面でのリアル面接の対策を怠る学生も出てくるかもしれません。少なくとも「上半身」背広、「下半身」パジャマといった格好でオンライン面接を受けるようなことをせずに、日頃からちゃんとした格好で、対面であれ、オンラインであれ接しておくべきでしょう。中には、オンラインに慣れすぎて、対面恐怖症に陥ってしまい、対面型の最終面接ではあがってしまって、実力を発揮できずに終わった人もいます。

あと、大事な点ですが、オンライン面接がこれだけ一気に普及したことによって、この利便性を会社側も学生側も感得することができたことによって、就活のパターンが大きく変わりました。

まず、会社側は、これまで広い会場を借りてやっていた会社説明会をＷＥＢでやれるメリットを感得しました。会場の設営や社員の派遣などのコストが削減できるからです。

また、従来の会社説明会は、イベント的な要素が大きく、大学内や大きな会場に何十から何百もの企業が集って、それぞれの学生が直接ブースを訪問する「合同企業説明会」というかたちで行なわれることが多かったのですが、人気企業には学生が殺到したりして、説明会の予約を取るのも困難になることがありました。

こういった大会場での説明会では、参加企業は説明を複数回に分けて行なうのですが、当然ながら、人気の高い企業となると、学生側はヒアリングのための順番を取るために行列に並ぶことになり、入場制限が行なわれたりもしました。何回も待って、やっと説明会に参加できるというようなこともあり、とても時間効率が悪い状態が続いていました。要は学生にとっては（企業にとっても）コスパ（費用対効果）が悪かったのです。

そんな条件下でも、機転の利く学生は、せっかく会場にまで来たのだからと何か情報を得ようとして、機敏に立ち回り、空いているブースへ入ってみて、「あれ、この会社、案外面白そう」と業界への興味の幅を広げることもありました。

ともあれ、オンライン就活の最大のメリットは、こういった「企業説明会」がWEB上で行なわれることになり、学生側もネットが繋がる環境下だと、どこからでも誰でも参加が可能となり、旧来のような企業ブースへの待ち時間がゼロになったことです。しかも、自分の好きな場所で必要な数だけ、自分が狙っている、関心のある企業の説明会を十二分に聞くことができるようになり、とてもコスパのよい立ち回りが可能になりました。

地方の学生や外国にいる留学生たちにとっては、自宅や電車の中で会社説明会を聞き、面接も自宅で行なってもらえるようになった。交通費や時間の大幅な節約にもなりました。

とりわけ、これは地方の学生にとっては天佑でした。テレビなどでもよくやっていましたが、旧来は、交通費を節約するために、地方の学生は深夜バスで上京し、大学の東京事務所に足を運んで一休みして、各企業を回り、また深夜バスで戻るといったハードな就活をやっていました。それがコロナ騒動によって、改善されることになったわけです。

海外留学組の学生たちも同様の恩恵を受けることになりました。例えば、損害保険業界大手の「損害保険ジャパン株式会社（損保ジャパン）」は、二〇二〇年の内定までのすべての新卒採用試験をオンラインでやりました。自動車産業大手のトヨタも同じくすべてがオンラインでの選考でした。日本国内だけではなくグローバルな国際競争力を獲得するためにも、こういう企業は世界で活躍できる人材の確保に務めています。オンライン面接を駆使することによって、海外にいる学生の応募を促し、受け付けるようにすることは企業にとっても大きなメリットがあることが明らかになりました。今後は、コロナ騒動が収まっても、ますますオンライン就活の流れは加速化していくことでしょう。

これからは、より多くの学生がオンライン就活によって大手企業などへチャレンジする機会が増えていきます。その意味での競争激化は学生たちも覚悟しておくべきでしょう。

「平成（自分さがし）の就活」から「令和（自分らしさ）の就活」へ

瀧本　ともあれ、面接に於けるノウハウは、本書（本編）でも、津田さんと下川さんが力説されています。私も『オンライン就活は面接が9割』（青春出版社）という本を出していますので、そちらも参照していただきたいのですが、長年、学生の就活相談を受けていて、時代の変化というものをひしひしと感じます。

私自身がまだ学生だった頃の「昭和の就活」を一言で表せば、それは「やみくもに何でも経験すればよし」です。中でも印象に残っている破天荒な就活といえば、サッポロビールの面接会場で面接官の質問には一切答えず、「なぜ答えないのか？」ときつく問いただされたときに当時の広告コピーであった「男は黙ってサッポロビール」と同じ言葉を、面接で、ただこの一言だけを言って、個性的だという印象を与え、そのまま就職できたという神話（都市伝説）があります。

時は流れ、平成となり、さらに「個性」が重視されるようになると、短期留学やバックパッカー、自転車で日本一周などといった一風変わった体験が重宝される「平成の就活」時代がしばし続きました。この頃は「自分さがし」という言葉もはやりましたね。

しかし「令和の就活」には、そういった個性的な体験に、さらなる「自分らしさ」を加味することが求められるようになってきたと言えます。「自分らしさ」とは、「自分の体験したことが、自分の中でどのように意味づけされ、昇華されているのか」ということです。それをきちんと相手（面接官）に伝わるように説明することが求められるようになったのです。

ただでさえ、情報過多な時代にあって、目標達成のために必要な手段が豊富で、すぐにそれらが見つかる環境の整っている令和の時代にあっては、「何を目的としてその体験をしようと考えたのかという自分なりの意味づけ」をきちんと説明する必要があります。

たとえば、自分の好きなブランドの服を着たいと思ったら、それを着ることで自分はどうなりたいのかという「意味づけ」が生まれます。この自分の行動に自分なりの意味づけがされると、それはその人を象徴する個性となり、やがてはその人の「自分らしさ」へと昇華されていきます。そういう「自分らしさ」の発信をロジカルにできる「材料」をどれだけ豊富に持ち合わせているかが、面接での高評価を得るカギとなるのです。

安倍晋三前政権時代から喧伝されるようになった「人生百年時代構想」では、一億総活躍社会の実現や何歳になっても学び直しができ、新しいことにチャレンジすることが可能な社会を作るという項目があります。従来のように何ができるのかだけでは収まらず、自分はこれからどう生きたいのかを求める就活が始まっていることを、学生諸君は十分認識してほしいと私は思います。

その観点からしても、コロナ騒動によって「情報格差」が学生間でますます拡大する傾向が見られるのは気になります。要は、今後ますます自分が積極的に就活に参画しないと乗り遅れてしまう時代になってきているということです。旧来なら、大学のキャンパスに行けば、学友とも接触できるし、サークルなどでの口コミでいろんな情報を手に入れることもできました。たとえば、「何月何日に会社説明会があるから一緒に行こう」とかをやりあっていたわけですが、それが一時的にせよ一切なくなり、自力で、WEB上でありとあらゆる情報を蒐集（収集）し、就活という荒波に一人で漕ぎださなくてはいけなくなった。その情報蒐集（収集）の努力を怠ると、大変なことになるという時代が来たわけですから。

――「孤独のグルメ」ならまだしも「孤独の就活」は精神的にも大変な重圧になる時もあるわけですね。

瀧本　そうです。また、下川さんが勤務されている日本テレビ放送網の二〇二〇年度総合職採用選考では、放送総合部門・技術部門・スタートアップ事業部門・アナウンス部門のすべてで、「あなたに影響を与えた一冊（45秒の動画）」の動画のアップロードを求められていました。「自分らしさ」を確立していない学生だと、「あなたに影響を与えた一冊」の動画を作成することもできないでしょう。

昨今の学生の半分は読書時間がゼロだという統計もあります。バイトも大事ですが、実社会ではどこの分野でも「活字力」が大事です。エントリーシートを書く上でも、文章力は重要です。「整っている文章」ではなく「魅力のある文章」を書くことが肝要ですが、やはりそういう文章力は一朝一夕には身につかない。本を読むことも大事ですね。

学生よ、もっと強かになれ！

瀧本　そういった就活に伴うさまざまな変化をコロナ騒動は加速化したといえます。重厚長大企業でもある航空産業や自動車・電機産業も大きなマイナスの影響を受けました。なかには倒産したところもあります。

でも、どんな時代にあっても、禍転じて福となすで、中小企業であっても、小回りを利かせて業種の転換を図り、危機を乗り越えていく企業も存在しています。コロナによって、新しいビジネスチャンスを獲得する起業家も出てきています。

「就職戦線」といっても、かつての戦争の徴兵に取られて戦場に行くわけではありません。一部の「ブラック企業」ならともかく、命を失うということはありません。自分の才覚・才能を活かすことが日本社会では十分にできる環境があるのです。

かつて就職氷河期といわれた時は、目指す就職先に再チャレンジするために、敢えて留年して「五年生」になったりする学生もいました。ちょうど、いま、就活を迎えている学生の親御さんなどは、その氷河期に卒業就職した世代にあたります。航空業界や観光業界などにどうしても行きたいという学生などはそういう選択も可能かもしれません。しかし、コロナによる海外渡航の制限はまだ続く可能性もあります。

予測不可能な悩ましい状況ですが、自分でないとやれない仕事を見出し、その仕事を通じて、自分はこれからどう生きていくのかを求める就活は日本では自由にできます。だからこそ今、その就活を取り巻くさまざまなトレンドに乗り遅れることなく、強《したた》かに生きていくことが学生たちには求められているのです。

例えば、コロナ騒動で大学キャンパスが閉鎖されバイトもままならないときに、資格獲得のために通信教育を受けたりして将来のキャリアアップのために実力を蓄えた学生もいました。どんな悪環境下でも活路を見出していこうという意欲があるかないか……。それが人生の岐路となるのです。日本では目指そうと思えば、目指す道が目の前に開けています。まずは、勇気と確信を持って第一歩を踏み出すことです。学生の皆さん、頑張ってください。

津田久資（つだ　ひさし）
1958年生まれ。東京大学法学部、カリフォルニア大学バークレー校経営大学院（MBA）卒業。博報堂、ボストン・コンサルティング・グループ、チューリッヒ保険で一貫して、新商品開発、ブランディングを含むマーケティング戦略の立案、実行にあたる。株式会社コンテンツ３監査役、August-a㈱代表（現・相談役）として、各社のコンサルティング業務に従事。また、マネジメントスクールや多数の企業内研修会において、ビジネスパーソンの論理的思考、戦略的思考の啓蒙にあたっている。著書に『あの人はなぜ、東大卒に勝てるのか』（ダイヤモンド社）、『超ＭＢＡ式　ロジカル問題解決』（PHP研究所）、『出来る人ほど情報収集はしないもの！』（ワック）などがある。雑誌「THE 21」「東洋経済」などへの寄稿も多数。

下川美奈（しもかわ　みな）
1972年生まれ。日本テレビ報道局社会部副部長兼解説委員。早稲田大学政治経済学部政治学科卒業後、日本テレビ入社。報道局で警視庁クラブ、国税庁クラブ、社会部遊軍、警察庁クラブ、『ニュースプラス1』ディレクターなどを経て、女性初の警視庁クラブキャップに。その後、社会部デスクと兼務で、キャスターとして情報番組『スッキリ‼』『情報ライブ ミヤネ屋』『深層NEWS』を担当。2017年10月からはリニューアルした『スッキリ』のコメンテーターとしても活躍している。著書に『テレビ報道記者』（ワック）がある。

ロジカル面接術《めんせつじゅつ》　2023年度版《ねんどばん》

2021年1月30日　初版発行

著　者　津田久資　下川美奈

発行者　鈴木 隆一

発　行　ワック株式会社
東京都千代田区五番町４－５　五番町コスモビル
〒102-0076
電話　03-5226-7622
http://web-wac.co.jp/

印刷製本　大日本印刷株式会社

ISBN978-4-89831-499-9